司法会计理论与实务研究

张鹏莉◎著

Sifa Kuaiji Lilun Yu Shiwu Yanjiu

中国政法大学出版社

2025 · 北京

声　明　1. 版权所有，侵权必究。

2. 如有缺页、倒装问题，由出版社负责退换。

图书在版编目（CIP）数据

司法会计理论与实务研究 / 张鹏莉著. -- 北京 : 中国政法大学出版社, 2025. 7. -- ISBN 978-7-5764-2175-0

Ⅰ. D918.95

中国国家版本馆CIP数据核字第2025EX6632号

出版者　中国政法大学出版社

地　址　北京市海淀区西土城路25号

邮　箱　fadapress@163.com

网　址　http://www.cuplpress.com（网络实名：中国政法大学出版社）

电　话　010-58908524(第六编辑部) 58908334(邮购部)

承　印　保定市中画美凯印刷有限公司

开　本　720mm×960mm　1/16

印　张　13.5

字　数　200千字

版　次　2025年7月第1版

印　次　2025年7月第1次印刷

定　价　65.00元

前言

随着市场经济的深入发展，市场主体也愈来愈复杂，这种错综复杂的关系也容易引发各种民事、经济纠纷，或行政争议，甚至经济犯罪、职务犯罪。随着社会发展，他们的犯罪呈现手段更隐蔽、涉及面更广、团伙犯罪更突出的特点，窝案、窜案增多；犯罪由传统向智能化方向转变。许多经济犯罪、职务犯罪通过伪造、变造会计资料，利用自身精通会计实务的能力，掩盖其犯罪。因此，针对当前纷繁的民事、经济纠纷，以及不断翻新的犯罪手段，如何平纷息诉，如何收取犯罪证据、侦破犯罪、揭露犯罪，是摆在我们面前的紧迫任务。

司法会计是司法人员在办理案件的过程中，为了查明案情，对案件所涉及的财务会计资料及相关财物进行专门检查或对案件所涉及的财务会计问题进行专门鉴定的法律诉讼活动。司法会计是在侦查中发现案件线索、收集犯罪证据、揭露和证实犯罪的重要侦查活动。对侦查而言，主要应用于经济犯罪案件、职务犯罪案件的侦查中，对部分刑事案件也适用。在一定意义上讲，查证某些经济犯罪、职务犯罪就是审查会计资料的过程，也是解决经济、民事纠纷的重要手段。

司法会计在实际侦查、调查、审判中的主要任务是：(1) 勘验财务资料。司法实践证明，经济犯罪、职务犯罪具有特有的隐蔽性和诡秘性。但是由于资金流动规律性、会计核算的特定性、财务关系的相对稳定性，使得财务会计资料成了记录犯罪活动的载体，保留了犯罪行为人的犯罪痕迹，为查明案件所涉及的财务会计事实提供了客观条件。在侦查过程中，采取行之有效的账务勘验方法，对案发单位有关财务资料的勘验，既是侦办经济犯罪、职务犯罪案件的一个重要途径，也是司法会计侦查工作的一个重要组成部分。(2) 发现、分析线索，制定侦查方案。(3) 提取、审查证据。在案件事实的证明上，既需要账务证据之间的相互印证，也需要收集与之有关的其他证据，以便组成一个完整的证据体系。(4) 确定有无犯罪发生和涉嫌犯罪的性质 。司法会计侦查人员通过对财务资料的勘验以及发现、分析线索，提取、审查证据，能够为确定有无犯罪发生及涉嫌犯罪的性质提供科学的依据。(5) 正确处理民事、经济纠纷，解决行政争议。

本书以会计基础理论为切入点，明确了司法会计的任务、作用，阐述了会计资料的一般查证方法，会计资料、各主要账户的常见舞弊手段，以及主要的查证方法，并用一些实例进行了说明。以期对打击犯罪，解决法律纠纷尽一点绵薄之力。本书共十二章，第一章：司法会计及其理论基础；第二章：会计核算资料的检查；第三章：库存现金账和银行存款账的检查；第四章：其他货币资金及结算资金的检查；第五章：存货、固定资产的检查；第六章：无形资产、递延资产的检查；第七章：负债类账户的检查；第八章：所有者权益的检查；第九章：收入、费用和利润的检查；第十章：司法会计鉴定的一般方法与步骤；第十一章：司法会计鉴定程序性要件的审查判断；第十二章：司法会计鉴定实质性要件的审查判断。

由于笔者的理论与实践水平有限，书中难免有不足之处，恳请大家不吝赐教。

另外，本书能得以出版，非常感谢中国政法大学的大力支持，非常感谢中国政法大学出版社，特别感谢本书编辑刘晶晶女士的专业指导和编排。

张鹏莉

2025 年 3 月

目 录

第一章
司法会计及其理论基础

第一节 司法会计含义及其任务和作用

一、司法会计含义

司法会计是指司法人员在办理案件的过程中，为了查明案情，对案件所涉及的财务会计资料及相关财物进行专门检查或对案件所涉及的财务会计问题进行专门鉴定的法律诉讼活动。司法会计作为一项法律诉讼活动，应具备以下特征：

（一）司法会计的主体是司法人员，司法会计存在于法律诉讼活动之中

司法会计的主体是司法人员，是一项法律诉讼活动。它不同于审计、工商、税务审查等活动。司法会计应用于侦查犯罪案件，调查民事、经济案件，解决行政争议、赔偿案件等诉讼过程中。司法机关的司法人员对司法会计原理、手段、方法的运用起于立案，终止于生效判决（有时至执行）。因此，司法会计活动也只能发生在这一过程中。司法会计活动的这一特征，决定了司法会计活动应当符合诉讼程序的要求，这是其区别于非诉讼活动中的会计审查或审计等活动的重要标志。

（二）司法会计的目的是查明案情

司法会计活动的目的就是通过运用司法会计手段，勘验、收集有关会计

资料，通过提取有关证据，发现犯罪线索、证实犯罪、查明案情、侦破刑事案件，并最终拘捕犯罪人，挽回经济损失。同时，司法会计在处理民事、经济纠纷中，通过对有关涉案会计资料的认定，或通过会计原理，遵照《会计法》[1]及会计准则的规定，对涉案材料进行查证，明确双方的责任，为公正处理案件提供依据。例如，供销人员侵吞公款的案件事实本身就包含着公款领报、账务处理等财务会计行为，侦查机关在调查这类案件时，就需要通过司法会计活动，查明是谁采取什么手段通过哪些环节侵吞了多少公款等财务会计事实；而盗窃公款的案件事实本身通常不含有财务会计业务内容，但公安机关在侦查这类案件时，却需要通过司法会计活动来查明发案单位失窃公款的时间、数额等财务会计事实。在民事（经济）纠纷案件中，当事人一方或双方为法人或经营单位的欺诈交易案件、结算争议案件、收入分割和费用分担案件、权益争议案件、涉及产权及收益的离婚案件等，通常都会包含着一定的财务会计业务。

另外，行政争议案件中的涉税案件、行政损害案件，也会涉及到用财务会计业务查明案情。

（三）司法会计是以审查案件所涉及的财务会计资料及相关财物或解决办理案件中遇到的财务会计问题为主要内容

首先，这一特征概括了司法会计活动的主要对象。其中，司法会计检查的对象是案件所涉及的财务会计资料及相关财物，如案件所涉及的财务收支资料（财务凭证）、会计核算资料（记账凭证、账簿、会计报表）、库存现金或存货等；司法会计鉴定的对象是案件所涉及的财务会计问题，如案件所涉及的财务指标计算或会计核算等方面的技术性问题。

其次，这一特征说明了司法会计活动的基本内容包括司法会计检查活动和司法会计鉴定活动。这一特征，将司法会计活动与其他相对独立的诉讼活

[1] 为行文方便，本书提及的我国法律规范文件均省略“中华人民共和国”字样，如《中华人民共和国会计法》简称为《会计法》。

动区别开来，诸如讯问刑事被告人、询问民事当事人及证人等其他诉讼活动。

二、司法会计的任务

司法会计的总任务是确认与案件有关的财务事实，为揭露犯罪、证实犯罪，解决民事、经济纠纷以及行政争议提供线索和证据。具体任务有：

（一）勘验财务资料

司法实践证明，经济犯罪、职务犯罪具有特有的隐蔽性和诡秘性。但是由于资金流动规律性、会计核算的特定性、财务关系的相对稳定性，使得财务会计资料成了记录犯罪活动的载体，保留了犯罪行为人的犯罪痕迹，为查明案件所涉及的财务会计事实提供了客观条件。在侦查过程中，采取行之有效的账务勘验方法，如通过对案发单位有关财务资料的勘验、对会计核算资料的审查鉴别，发现确认财务会计活动中有无伪造变造，是否构成触犯法律的行为；确定单位财会账目是否反映了该单位的经济活动情况，有无隐瞒和弄虚作假的情况。勘验财务资料，既是侦办经济犯罪、职务犯罪案件的一个重要途径，也是司法会计工作的一个重要组成部分。

（二）发现、分析犯罪线索，拟定侦查方案

在财务资料的勘验中，除少数账务证据能直接证实某一经济犯罪外，绝大多数的勘验结果往往只是带有某些疑点，是需要进一步查证的侦查线索。因此，司法会计侦查人员必须对获取的线索作因果关系、动机手段、事实过程等诸多方面的分析和假设，而后再依据这些分析和假设，拟定侦查方案。依此，在办理犯罪案件的过程中，自然而然地形成一个循环往复的工作程序：取得账务线索—分析、假设—拟定侦查方案—再取得线索。

（三）提取、审查证据

在案件事实的证明上，既需要账务证据之间的相互印证，也需要收集与

之有关的其他证据，以便组成一个完整的证据体系。为使提取的证据符合我国《刑事诉讼法》的规定、经得起审判实践的检验，司法会计审查人员必须对收集到的每一个证据进行细致、周密的审查，确认各证据在案件事实证明中的作用和地位，确认证据与证据之间的关系。

（四）确定有无犯罪发生和涉嫌犯罪的性质

侦查的最终目的，是在查明事实的基础上确定有无犯罪发生和涉嫌犯罪的性质。对侦查人员来说，由于兼具会计专业知识和侦查技能，在确定有无犯罪发生和涉嫌犯罪的性质的基础上，司法会计侦查人员通过对财务资料的勘验以及发现、分析线索，提取、审查证据，能够为确定有无犯罪发生及涉嫌犯罪的性质提供科学的依据。

（五）正确处理民事、经济纠纷，解决行政争议

随着市场经济发展，民事、经济案件纠纷也愈来愈多，客观地计量民事、经济案件所造成的经济损失，科学地度量民事、经济纠纷中的债权、债务以及个人财产的数额，为诉讼当事人提供诉讼支持，保护当事人的合法权益；确认合同纠纷的责任和责任程度的大小，为正确处理民事、经济纠纷提供依据，这是司法会计的又一重要职责。同时，在行政诉讼的一些案件中，也会涉及司法会计的内容，需要用司法会计的手段、方法解决，如涉税案件的行政争议等。

三、司法会计的作用

随着我国社会主义市场经济体制的建立和完善、经济司法的日益加强，司法会计在打击经济犯罪、维护社会经济秩序和保护诉讼当事人的合法权益等方面发挥着越来越重要的作用。司法会计在诉讼和非诉讼法律活动中均有重要作用，具体表现为以下几个方面：

（一）为处理经济、职务犯罪提供线索和证据

1. 确认经济、职务犯罪案件是否发生

经济会计行为表现为资金运动的整个过程，它包括资金的存在、分布和运动方向、运动结果。财务会计资料可以通过资金总额的等量关系，各类资金在账户中记录表现方式，账账、账证、账表、账实之间的相互对应关系，确认经济活动是否合法，从而为经济案件的审查提供线索。

2. 确认不法行为人和涉案单位

凡是具有法律效力的会计资料，其取得和填制都有一定的规律，并且有填制人、业务经办人、稽核监督人、审批人等有关人员的签字盖章。在财务会计制度方面，也明确规定每个经办人的职责权限和相互牵制关系，对同一个会计资料经过不同人的手续，按规定是有传递的程序和记录的方法，因此，从财务资料上经办人、填制人的签字、盖章，就能证明行为人有无直接责任，从而确定嫌疑人及其有关的涉案单位。

3. 能证明嫌疑人的具体行为过程

按会计资料记录的顺序，追踪资金运动、流向的规律及其引起的经济关系的变化，揭示出经济犯罪行为起因、过程以及不同环节的责任人和最终结果。证明犯罪行为的实施所侵害钱、物的结果，犯罪行为实施的时间、地点、行为和手段方法。

（二）平民事、经济纠纷，息诉讼

随着民事、经济案件的增多，很多案件会涉及到司法会计的问题，通过司法会计原理、审查方法的运用，确定不同环节的责任人，及其造成的损失、应承担的赔偿责任等，维护当事方的合法权益，及时解决纠纷。

（三）堵塞漏洞、消除隐患，预防经济犯罪

司法会计不但在打击犯罪的过程中发挥重要作用，同样对犯罪也能起到以防为主、重在治本的作用。通过打击犯罪，使犯罪分子或企图犯罪者受到威慑，阻止其继续犯罪。司法会计人员在查办具体案件时，通过司法会计的

运用，可以发现案发单位在管理、审批、监督制度上出现的欠缺和漏洞，及时向有关部门提出建议，有助于发案单位健全财务制度，加强管理、堵塞漏洞、消除隐患、完善监督，防止类似情况的再次发生，起到预防和减少经济犯罪的作用。

随着社会的发展，人们对司法会计工作重要性的认识不断提高，司法会计工作的业务范围将会越来越广泛，其法律监督的职能作用的体现将会更加丰富。司法会计工作必将在揭露和证实、预防和打击犯罪中凸显越来越重要的作用。

第二节　会计及其记账原理

一、会计的含义

会计是以货币为主要计量单位，运用专门的技术方法，连续、系统、全面地反映、控制和监督各单位经济活动的内容、过程以及财务成果的一种经济核算方法，是提供会计信息、进行经济管理的工具。

会计管理活动包括两个基本职能，即：对经济活动进行会计核算和会计监督。

（一）会计核算

会计核算在数量方面综合反映单位已经发生或已经完成的各项经济活动，具体表现为：

（1）为经济管理提供可靠的信息和资料；

（2）提供预测未来经济活动效益的数据资料，参与计划与决策。

（二）会计监督

会计监督是会计工作的核心，包括两方面内容：

（1）对不真实、不合法的会计资料等各种违反国家财政制度和财务制度的活动进行监督；

（2）对本单位经济活动的合理性、有效性进行监督，以防止损失浪费和舞弊。

二、会计记账原理

（一）会计要素的含义

会计要素，是对一个单位会计核算和会计监督的内容进行的基本划分。例如，我国企业会计准则将企业会计核算监督的内容划分为资产、负债、所有者权益和收入、费用、利润六项会计要素。其中，资产、负债和所有者权益是反映财务状况的会计要素；收入、费用和利润是反映财务（经营）成果的会计要素。

以下是我国目前企业会计准则规定的企业会计要素的基本含义：

1. 资产

资产是企业拥有或者控制的能以货币计量的经济资源，包括各种财产、债权和其他权利。资产分为流动资产、长期投资、固定资产、无形资产、递延资产和其他资产。

（1）流动资产是指可以在1年或者超过1年的一个营业周期内变现或者耗用的资产，包括现金及各种存款、短期投资（如购买有价证券）、应收及预付款项（包括应收票据、应收账款、其他应收款、预付账款、待摊费用）、存货（包括商品、产成品、半成品、在产品以及材料、燃料、包装物、低值易耗品）等。

（2）长期投资是指不准备在1年内变现的投资，包括股票投资、证券投资和其他投资。

（3）固定资产是指使用年限在1年以上，单位价值在规定标准以上，并在使用过程中保持原来物质形态的资产，包括房屋及建筑物、机器设备、运输设备、工具器具等。

（4）无形资产是指企业长期使用而没有实物形态的资产利权、非专利技术、商标权、著作权、土地使用权、商誉等。

（5）递延资产是指不能全部计入当年损益，应当在以后年度内分期摊销的各项费用，包括开办费、租入固定资产的改良支出等。

（6）其他资产是指除以上各项目以外的资产。

2. 负债

负债是企业所承担的能以货币计量、需以资产或劳务偿付的债务。

负债分为流动负债和长期负债。流动负债是指将在1年或者超过1年的一个营业周期内偿还的债务，包括短期借款、应付票据、应付账款、预收货款、应交税费、应付利润、其他应付款等。长期负债是指偿还期在1年或者超过1年的一个营业周期以上的债务，包括长期借款、应付债券、长期应付款项等。

3. 所有者权益

所有者权益是企业投资人对企业净资产的所有权，包括企业投资人对企业的投入资本以及形成的资本公积金、盈余公积金和未分配利润等。

投入资本是投资者实际投入企业经营活动的各种财产物资。

资本公积金包括股本溢价、法定财产重估增值、接受捐赠的资产价值。

盈余公积金是指按照国家有关规定从利润中提取的公积金。

未分配利润是企业留于以后年度分配的利润或待分配利润。

4. 收入

收入，是指企业在销售商品、提供劳务及让渡资产使用权等日常活动中形成的经济利益的流入，即企业在经营业务中实现的营业收入。包括基本业务收入和其他业务收入。基本业务收入，主要是指企业在其营业执照规定的主要业务经营中取得的收入。其他业务收入，是指企业在其主营业务以外的其他日常经济活动所产生的收入。

5. 费用

费用，是指企业在生产经营过程中发生的各项耗费。费用反映了企业在销售商品、提供劳务及让渡资产使用权等日常活动中发生的经济利益的流出。将费用按一定的耗费对象进行归集后，被称为成本。

6. 利润

利润，是企业在一定期间内的经营成果。包括营业利润、投资净收益和营业外收支净额。它反映了企业流入与流出的经济利益的差额。营业利润为营业收入减去营业成本、期间费用和各种流转税及附加税费后的余额。投资净收益是企业对外投资收入减去投资损失后的余额。营业外收支净额是指与企业生产经营没有直接关系的各种营业外收入减营业外支出后的余额。

（二）会计要素的关系

首先，资产反映着企业拥有和控制的经济资源，这些资源的来源只有两大途径：

一是负债，包括企业借入的或应付而未付的资产；

二是所有者权益，包括投资者的投入和企业未分配给投资者的利润。由于负债和所有者权益反映企业资产的来源，所以，如果用货币来表示，他们的金额与资产金额是相等的，即：

资产=负债+所有者权益

其次，收入与费用分别反映了经济利益流入企业和从企业流出经济利益，其差额即为企业的利润，即：

收入-费用=利润

这两个公式是会计核算的依据，称为会计等式。

三、会计科目

（一）会计科目的含义

会计科目，就是对各会计要素进行具体划分所形成的具体核算对象。以工业企业会计科目体系为例，说明会计科目对会计要素的具体划分。工业企业会计科目包括以下五类：

第一类：资产类。包括现金、银行存款、其他货币资金、应收账款、坏账准备、预付账款、其他应收款、材料采购、原材料、材料成本差异、委托加工物资、累计摊销、持有至到期投资、长期股权投资、固定资产、累计折旧、固定资产清理、在建工程、工程物资、无形资产、递延所得税资产、待处理财产损益等。

第二类：负债类。包括短期借款、应付票据、应付账款、预收账款、其他应付款、应付股利、应付工资薪酬、应交税费、长期借款、应付债券、长期应付款等。

第三类：所有者权益类。包括实收资本、资本公积、盈余公积、本年利润、利润分配等。

第四类：成本类。包括生产成本、制造费用、研发成本等。

第五类：损益类。主营业务收入、利息收入、主营业务成本、营业税金及附加、其他业务收入、其他业务成本、销售费用、管理费用、财务费用、投资收益、营业外收入、营业外支出等。

上述会计科目，属于总分类科目，为了提供更具体的会计信息，会计还需要根据所提供会计信息的需要，将上述会计科目再进行划分，形成若干级明细科目。总分类科目，又称一级科目。对总分类科目进行划分后形成的明细科目，称为二级科目。对二级科目进行划分形成的明细科目，称为三级科目。如果需要，还可以设四级、五级等若干不同级别的明细科目。

对会计要素进行具体划分后形成会计科目，会计就可以分门别类地对各具体核算对象进行核算。但仅有会计科目只能反映财务状况，不能反映财务活动所引起的财务状况变化，要借助账户才能进行具体的核算。

（二）账户

账户是系统反映各会计要素的具体内容以及变化情况、变化结果的一种会计方法。账户反映了会计科目的具体内容，与会计科目不同，它有一定的结构。账户的基本结构包括借方发生额、贷方发生额和余额。

由于账户反映会计科目的具体内容，所以，账户根据会计科目的级别分为总分类账户和若干明细分类账户。

四、记账方法

（一）记账方法

记账方法，是指在账户中记录经济业务的会计方法。

（二）记账方法的分类

1. 单式记账法

单式记账法，是指对发生的经济业务通常只记录到某一账户中的一种记账方法。采用单式记账法形成的会计记录，俗称流水账。目前只有个体户及单位“小金库”、备查账中采用这种记账方法。

2. 复式记账法

复式记账法，是指把每一笔经济业务按相等的金额记录在 2 个或 2 个以上相互联系的账户中的一种记账方法。

根据所采用的记账原理、记账符号和记账规则不同，复式记账法可分为借贷记账法、增减记账法和收付记账法。自 1993 年 7 月 1 日起，我国统一采用国际通用的借贷记账法。

借贷记账法，是以“资产=负债+所有者权益”为记账原理，以“借’’和“贷”为记账符号，以“有借必有贷、借贷必相等”为记账规则的一种复式记账方法。

在企业会计中，借方核算引起资产、成本费用增加和负债、权益、收入减少的发生额；贷方核算引起资产、成本费用减少和负债、权益、收入增加的发生额。

所谓“有借必有贷、借贷必相等”，是指借贷记账法要求记录一项经济业务时，至少应在2个或2个以上相互联系的账户上登记，记录到某账户借方的同时记录到另一账户的贷方，且记入账户借方发生额的合计与记入贷方发生额的合计应当相等。记账后，同时反映这项经济业务的几个账户之间就形成了对应关系。发生对应关系的账户就叫对应账户。

对一项经济业务进行会计处理，实际上就是利用记账方法将经济业务反映到会计资料中去的过程。在这一过程中，会计首先需要根据上述记账原理，编制会计分录。

3. 会计分录

会计分录，是指按照记账方法列示的包括应当记入的会计账户名称、记账方向和记账金额的会计处理记录。

第三节　会计实务程序

一、会计的一般程序

会计的一般程序为设置账户、审核原始凭证、填制记账凭证、登记会计账簿、结账、对账、编制财务会计报告、整理会计档案。

（一）设置账户

包括两项工作：一是根据会计制度的规定和单位实际情况，确定应当设置的账户；二是根据设定的账户，将账户名称填写到相应的账簿中。

（二）审核原始凭证

审核原始凭证，是指依照一定的标准，对在办理财务业务中取得或制作的有关财务凭证进行审核，借以对经济业务进行具体的核算和监督。根据会计法规规定，各单位必须根据审核无误的原始凭证进行会计处理。因此，审核原始凭证是具体会计核算程序的起点。

（三）填制记账凭证

填制记账凭证，是指根据审核无误的原始凭证或会计处理的需要以及账户的设置填写记账凭证。

（四）登记会计账簿

登记会计账簿，是指根据会计凭证，将具体经济业务的内容分别记入会计账簿，借以对经济业务进行系统的核算和监督。

（五）结账、对账

结账，是指在各账户内容登记完成后，对账户发生额的登记结果进行计算，结出各账户借方发生额合计、贷方发生额合计和余额。结账是定期进行的。通过结账可以发现记账错误，概括各个账户的核算结果。

对账就是定期对会计账簿记录的有关数字与库存实物、货币有价证券、往来单位或者个人资金往来业务等进行相互核对，通过结账保证账证相符、账账相符、账实相符。对账工作每年进行一次。

1. 账证核对

核对会计账簿记录与原始凭证、记账凭证的时间、凭证字号、内容、金额是否一致，记账方向是否相符。

2. 账账核对

核对不同会计账簿之间的账簿记录是否相符，包括总账有关账户的余额核对、总账与明细账核对、总账与日记账核对、会计部门的财产物资明细账与财产物资保管和使用部门的有关明细账核对等。

3. 账实核对

核对会计账簿记录与财产等实有数额是否相符，包括现金日记账账面余额与现金实际库存数相核对，银行存款日记账账面余额定期与银行对账单相核对，各种财物明细账账面余额与财物实存数额相核对，各种应收、应付款明细账账面余额与有关债务、债权单位或者个人核对等。

（六）编制财务会计报告

编制财务会计报告，是指根据账户核算的结果，编制财务会计报告，以总括地反映某一时期财务状况和财务成果。财务会计报告主要包括资产负债表、利润表、现金流量表、所有者权益（或股东权益）变动表和财务报表附注。

制作财务会计报告时应注意：会计报表之间、会计报表各项目之间，凡有对应关系的数字，应当相互一致；本期会计报表与上期会计报表之间有关的数字应当相互衔接。

二、记账程序

各单位可以根据本单位的会计管理制度，设定具体的记账程序。各种记账程序的主要区别在于如何登记总账。常见的记账程序有以下三类。

（一）根据记账凭证登记总账

这种记账程序常见于小型会计核算单位。其记账程序为：

（1）根据原始凭证编制记账凭证；

（2）根据记账凭证登记日记账、总账和明细账；

（3）根据总账和明细账编制会计报表。

（二）根据科目汇总表登记总账

记账程序为：

（1）根据原始凭证编制记账凭证；

（2）根据记账凭证登记日记账和明细账；

（3）根据记账凭证定期编制科目汇总表；

（4）根据科目汇总表登记总账；

（5）根据总账和明细账编制会计报表。

（三）根据汇总记账凭证登记总账

记账程序为：

（1）根据原始凭证编制记账凭证；

（2）根据记账凭证登记日记账和明细账；

（3）根据记账凭证定期分别编制收款、付款和转账汇总记账凭证；

（4）根据汇总记账凭证登记总账；

（5）根据总账和明细账编制会计报表。

第二章
会计核算资料的检查

第一节　会计核算资料的内容及检查方法

一、会计核算资料的概念和内容

会计核算：是以货币为主要计量单位，对各单位的经济活动预算执行过程及其结果进行连续地、系统地、全面地记录和计算，据以编制会计报表的一种管理活动。

会计核算资料有：会计凭证、会计账簿、会计报表和其他会计资料。

（一）会计凭证

会计凭证是记载经济业务发生和完成情况的书面证明，是检查经济业务是否真实、合法的主要依据。

1. 原始凭证

原始凭证是企事业单位在经济业务发生或完成时取得或填制的书面证明材料，用以证明经济业务实际发生和完成的情况。它是记账的原始依据。根据其取得的渠道不同，可分为：

（1）自制原始凭证：是在单位内部财务收支发生时，由单位内部主管部门和个人填制的凭证。如收料单、领料单、产品交库单、借款单、工资单、差旅费报销单等。

（2）外来原始凭证：是指同外单位或个人发生经济业务往来时，从其单位或个人处取得的原始凭证。如供应单位开的发票，在向外单位付款时取得的发票，银行收、付款的通知单，车船等差旅票证等。

各种原始凭证尽管多种多样，但其共同具有的内容是：抬头，填制凭证单位的名称或个人姓名，填制的时间、日期，实物的品名、数量、单价、金额，经济业务内容摘要，填制单位的公章和个人签章。

原始凭证的填制，必须按照国家统一的要求，经济业务内容必须按照国家统一要求，经济业务内容必须符合政策、制度、法律的规定；要符合计划、合同规定的要求；要符合费用开支标准；填制的手续、内容要齐备等。原始凭证必须检查无误后，才能作为登记明细账和编制记账凭证的原始依据。

2. 记账凭证

记账凭证是会计机构根据经过审核的原始凭证进行归类、整理，并确定会计分录而编制的凭证，是登账的依据。

按记账凭证编制方式的不同分复式记账凭证、单式记账凭证两种。

复式记账凭证：将每一项经济业务所涉及到的会计科目，集中到一起，填列在一张记账凭证上的书面证明。复式记账凭证能完整地反映经济业务活动的全貌，即可以在一张凭证上集中记录某项经济业务所涉及的全部账户及其对应关系，而且填制方便、附件集中，有利于凭证分析、审核和保管。其不足之处是不便于分工记账和科目汇总。

单式记账凭证：简称单式凭证，将一项经济业务涉及的各个会计科目分别填制凭证，即一张凭证中只填列经济业务事项所涉及的一个会计科目及其金额的记账凭证。采用单式记账凭证，便于汇总每一会计科目的借方发生额和贷方发生额，便于分工记账；但不能在一张凭证上反映一项经济业务的全貌，不便于查账，而且记账凭证的数量和填制工作量都很大。

按记录的经济内容的不同分收款凭证、付款凭证、转账凭证。

收款凭证：是指根据现金及银行存款收入的原始凭证填制的一种记账

凭证。

付款凭证：是指根据现金及银行存款付出业务的原始凭证填制的一种原始凭证。

转账凭证：是指根据转账业务的原始凭证填制的一种记账凭证。

记账凭证应具备的内容：填制的日期、凭证编号、经济业务摘要、会计科目、金额、所附原始凭证张数、填制人员、记账人员、会计负责人签章。

（二）会计账簿

会计账簿是以会计凭证为依据，系统、全面地反映单位经济业务的账簿，即通常讲的账本。

会计账簿分为：总分类账、（各种）明细账、（各种）日记账及各种辅助账簿。设账户，用来登记全部经济业务，进行总分类核算，提供总括核算资料的分类账簿。

总分类账，是根据总分类科目开设的总分类账，可以根据记账凭证逐笔登记，也可以根据经过汇总的科目汇总表或汇总记账凭证等登记。

明细分类账，简称明细账，是根据明细分类科目开设账户，用来登记某一类经济业务，进行明细分类核算，提供明细核算资料的分类账簿，是有关总分类账户的具体化，起着补充和详细说明的作用。

日记账，又称序时账簿，是按照经济业务发生或完成时间的先后顺序逐日逐笔进行登记的账簿。日记账是会计部门按照收到会计凭证号码的先后顺序进行登记的。日记账是按经济业务性质单独设置的账簿，它只把特定项目按经济业务顺序记入账簿，反映其详细情况，一般应设置现金日记账和银行存款日记账，用以加强对货币资金的管理。

辅助账簿，又称备查账簿，是对某些在序时账簿和分类账簿等主要账簿中都不予登记或登记不够详细的经济业务事项进行补充登记时使用的账簿。它可以对某些经济业务的内容提供必要的参考资料。

会计账簿登记的具体要求：

登记会计账簿应当以审核无误的会计凭证为依据。

（1）登记账簿时，应当将会计凭证日期、编号、业务内容摘要，金额和其他有关资料逐项记入账内，同时记账人员要在记账凭证上签名或者盖章，并注明已经登账的符号（如打“√”），防止漏记、重记和错记情况的发生。

（2）各种账簿要按账页顺序连续登记，不得跳行、隔页。如发生跳行、隔页，应将空行、空页划线注销，或注明“此行空白”或“此页空白”字样，并由记账人员签名或盖章。

（3）记账要保持清晰、整洁，记账文字和数字要端正、清楚、书写规范。

（4）及时结出余额，现金日记账和银行存款日记账必须每天结出余额。结出余额后，应在“借或贷”栏内写明“借”或“贷”的字样。没有余额的账户，应在该栏内写“平”字并在余额栏“元”位上用“0”表示。

（5）一张账页登记满结转下页时，应当结出本页合计数和余额，写在本页最后一行和下页第一行有关栏内，并在本页的摘要栏内注明“转后页”，在次页的摘要栏内注明“承前页”。

会计账簿是会计报表的主要依据，它提供系统、完整的会计核算资料，有效发挥会计的监督职能，是进行会计分析的重要依据。

（三）会计报表

会计报表是根据会计账簿定期编制的书面报告，综合反映单位一定时期内经济活动状况和财务情况。

它是考核生产财务计划完成情况、进行经济决策和预测的依据，也是对财政纪律、税务结算和资金运用情况进行财政、银行监督的一种方式。我国现行制度规定，企业向外提供的会计报表主要包括资产负债表、利润表、现金流量表、所有者权益（或股东权益）变动表和财务报表附注。

会计报表分类：

（1）按编制期限分为月份、季度、年度报表。

（2）按编制经济内容分为资产负债表、利润表、现金流量表、所有者权益（或股东权益）变动表和财务报表附注。

二、检查会计核算资料的步骤与普通方法

（一）检查会计核算资料的步骤

检查会计核算资料，通常称为查账，分三个阶段：

1. 准备阶段

这一阶段，首先要确定查账的任务，明确查账要解决什么问题，达到什么目的。明晰任务后，向被检查者发出查账通知书，说明查账的范围、年限、方式和查账时间等。发出通知后，查账人员根据其任务，收集有关财务会计资料，了解被查单位的情况，编制查账计划，使查账工作有条不紊地进行。

2. 实施阶段

根据被查单位经营业务、经营范围确定查账的手段，对被查单位内部各个环节的控制制度进行调整，对其会计基础工作进行检查，以发现问题。

3. 结束阶段

对查账过程中发现的问题，提出结论，写出查账报告，并报有关部门，据此事实进行处理。

（二）会计核算资料的检查方法

会计核算资料的检查方法是通过实践经验总结归纳出来的，通常有：

1. 详查法

详查法是对会计凭证、账簿、会计报表等会计核算资料进行全面、系统检查的方法。

它从多方面、多方位、多角度进行检查、分析、印证。此方法易发现问题，特别是隐蔽手段较深的问题。许多违法乱纪的事实就是通过深入追究发

现的。但是，采用此方法，工作量较大、涉及面广、所用时间长。在实践中，详查法多用于问题多、涉及面广、账目不健全、管理混乱的企业。

2. 抽查法

抽查法是指对被检查单位被检查期内特定事项的全部会计资料中选取部分资料进行检查，根据检查结果推断全部资料有无错弊的一种检查方法。

在运用时，可根据案件有关问题，来确定检查的范围和时限。既可抽查现金收付凭证，也可抽查某些月份、季度中的会计资料，就抽查结果来验证与案件有关的问题的联系。采用此方法，虽省时省力，但易遗漏犯罪。

3. 顺查法

顺查法是指按照会计核算的处理顺序，依次对证、账、表各个环节进行检查的方法。

具体操作是：首先检查原始凭证是否真实正确、合理合法，并核对记账凭证；然后再以记账凭证核对账簿，检查账证是否一致，总分类账余额同所属明细分类账余额的合计是否一致；最后以账簿核对财务报表，检查调整结账事项同所编制的报表是否一致。

顺查法的优点是检查全面、不易发生遗漏、方法简单、易于核对、结果精确。其缺点是面面俱到，容易忽视重大问题，费时费力，工作量大。因此，顺查法主要适用于规模较小、业务量少、内部控制制度不健全的被检查单位，以及重要的检查事项和涉及贪污舞弊的专案检查。

4. 逆查法

逆查法是指按照会计核算相反的处理顺序，依此对表、账、证各个环节进行检查的方法。

具体做法是：根据所掌握的线索，先从审阅、分析财务报表入手，然后根据分析中发现的问题，有重点地同有关总账、明细账核对，进而检查记账凭证，直至检查原始凭证。逆查法的优点是便于抓住问题的实质，又可以节省人力和时间，提高工作效率。其缺点是不能全面地检查问题，易有遗漏。

因此，逆查法主要适用于规模大、业务量多、内部控制制度健全有效、会计核算质量高的单位。

5. 分析计算法

分析计算法是指用分析计算的方法进行核对，以揭示会计资料的真实性、合法性的一种鉴定方法。

分析法就是利用当期的会计资料，同历史资料、计划指标、同类相关资料进行分析、核查，以便发现问题，进一步深究。

计算法是指利用可靠数据相互关系和相互制约的原理，来证实账表资料的真实程度，借以发现问题。

6. 查询法

查询法是指检查人员向有关人员进行调查访问，并将获取的材料相互印证，从而解决在凭证、账册等资料中不能作出判断和结论的问题。

7. 采用物证检验技术手段进行检查

此方法是利用技术手段对有关会计资料进行检验，以弥补检查者之不足。如对伪造、变造文件的检验，对有关物质材料的分析、对伪劣产品的检验等。

（三）特殊检查方法

1. 立体检查法

立体检查法是在检查账外经营、账外平账、账外设账等问题时，从账内寻找资金运动的蛛丝马迹，制定账外追踪的方案，引导向内、外、上、下、前、后、左、右全方位辐射，把问题查深查透，揭露账外作案的真实情况的一种方法。

（1）账外经营。账外经营的特点是在账内没有反映经济业务，因此无凭据可查。在账内查账不清，这是客观存在的事实。但是，根据经营规律进行探索，账外经营也是可以在账内找到踪迹的。如出现企业账面长期没有或极少有边角余料或废品处理收入，账面有租金收入但账面上没有相应的实物资产存在，企业长亏不倒，企业正常经营阶段出现毛利为负，拆借资金没有利息收入，水电费、运费的增幅大大高于收入的增幅，仓库账库存商品的出库数量比会计账反映的出库数量大，账面上或有关资料显示有实物资产但长期闲置，结转成本的出库数量比销售发票上数量多等迹象时，很有可能存在账外经营。

（2）账外平账。账外平账的特点是将收入不进账，保留在其他单位或银行存款账户内，再从其他单位或银行取出，私人占有，企业账内无记录，而有关单位与银行的账内反映为收、付数平衡，借贷方相等，故称账外平账。账外平账在账内是检查不清的，唯有借助于立体检查法查账。立体检查法查账也有两种方案。一种方案是寻找转移收入的线索，然后顺藤摸瓜，把账查清。这种方案的检查面过大，成功率较小。另一种方案是检查银行存款账户与有关往来账户的对账单及未达账调节表，如果对方有收、付数据，而我方没有，在对账时没有通过调账直接将这些数据相互抵消，则是需要筛选为重点检查的对象。然后将这些账外平账的收付数据所牵涉的单位逐个查对。当这些经济内容的来源与去向查明后，则行为人采取账外平账的手段所窃取的收入也就暴露出来了。

2. 补账检查法

补账检查法是在查获贪污、贿赂行为人后，采取反侦破手段，在销毁了有关贪污、贿赂痕迹的账簿与凭证的情况下，根据会计原理，运用科学方法，补齐被销毁的账簿凭证，然后进行查账，以揭露毁账灭迹所掩盖的贪污事实的一种特殊查账方法。补账的方法，可先补账簿后补凭证，也可先补凭证后补账簿，更可补账簿与补凭证同时进行。

（1）补记总账。将撕毁总账的账户开设空白账页，以记账凭证汇总表为依据进行补记。毁掉记账凭证汇总表的，根据明细账上的金额汇总补记，也可按总账各科目当月的发生数或余额相减后的差额补记，最后以会计报表的金额检验补记数是否相符。

(2) 补记明细账。将撕毁的明细账开设空白账页，查找记账凭证进行补记。记账凭证被销毁的，以总账科目的发生数减明细账已补齐的差额补记。结出余额后，必须与总账核对，以检验是否遗漏。

(3) 补做记账凭证。先准备记账凭证，按顺序编号，将当月各明细账户上的发生额填入记账凭证。填不齐的部分，按每套记账凭证中的经济内容分析，寻找有关资料补记，并与当月明细账或总账的余额核对，以纠正错漏。

(4) 补原始凭证。通过与银行、运输、供货单位及主要往来账户对账复制本单位销毁的原始凭证。将复制的记账凭证与外调复制的原始凭证配套还原，恢复会计凭证的本来面目。行为人贪污的目的是要窃取钱物，当银行存款、库存现金、库存商品、原材料等账户的凭证补齐后，则查补办案证据的主要任务就完成了。

先补账而后查账，不仅解决了毁账灭迹无法查账的难题，同时也易于充分揭露行为人作案的动机和手段。

3. 纵横穿插法

纵横穿插法是以系统检查重点人、重点事和重点项目为导向，根据事物的存在形式，按空间中左右相邻、在时间上前后相随的序列，组成严密的检查网络，进行纵横穿插，寻找行为人的隐秘作案行为。纵横穿插法的具体做法是将各项应检查的重点划分为若干主题，如某项生产、某项商品、某项资金、某笔收入、某笔开支、某个单位、某个嫌疑人等。在检查某一主题时，密切注视相关的问题，牵引带出新的隐蔽的问题。在查账中，翻开一笔会计分录，就会牵涉两项以上的经济内容，如属反常现象，继续检查下去，就会涉及四项以上的经济内容，依此类推。在时间上，需要查多少年就查多少年；在空间上，牵涉多少账户或单位，就检查多少账户或单位，直到把问题查清查完为止。特别是大型查账项目，参加的人员多，分工比较细，查账的水平有高有低，出现错漏的可能性很大。故主审人员必须亲自进行纵横穿插检查，做到心中有数，以提高查账的成功率。

4. 配套还原法

配套还原法是将不同环节中相同的经济内容或者相对应而又互相依存的某一项经济业务，从分散核算的会计凭证中集合起来，进行配套还原，恢复事物的本来面目，通过对比分析，使弄虚作假与浮报冒领等问题原形毕露的一种方法。在查账过程中，经常遇到这样的作弊现象，如虚假收购凭证、虚假进货发票、虚假费用单据、虚假销售成本、虚假营业外收支、平价与议价混淆作弊等。这些虚假的凭证，应具备的要素齐全，和真的凭证完全没有区别，在查账时，很容易蒙混过关，就是提出疑问，也很难作出肯定的结论。如果运用配套还原法检查，情况就不同了，不仅能准确地发现问题，而且能正确地作出检查结论，提高检查工作质量。在进行配套还原检查时，将检查的主题前后相关的经济内容，不论是真的还是假的，都组合在一起，按照事物的发生顺序，制出排列表，以前项的内容与中项的内容配套核实，中项的内容与后项的内容配套核实，最后将前项与后项的内容对比，这时被检查的经济业务就会恢复原貌。

5. 线索筛选法

线索筛选法是利用运筹学筛选重点检查内容，求取最佳值的方法。查账运筹学是运用数学运算的方式和逻辑学的判断、推理，完成查账决策的科学方法。查账决策不正确，劳而无功；查账决策正确，就能收到事半功倍的效果。

筛选检查对象的方法是：

（1）根据群众举报的线索筛选重点人。其条件是：

知情人有可靠的检举材料；

贪污、贿赂集团的首犯；

行为人的经济收入有特殊变化；

给企业造成重大损失的责任人；

在某项涉嫌违法的业务经营中担任主角（造成管理混乱的主要成员）；

其他重大嫌疑人员；等等。

重点人筛选出来以后，要将其往来账户、所经办的经济业务及经管的商品、财产逐一进行检查，如果没有问题，则实事求是地予以否定；如有作案的真凭实据，则要秉公任直地予以肯定，交专案人员办理。

(2) 根据会计资料与调查资料提供的线索筛选重点内容，其要点包括：

有资金运动而无商品运动的内容；

合法凭证中不合法的内容；

费用开支与经济业务不配套的内容；

经营应酬开支中的特殊内容；

高价进与低价销中的可疑内容；

重大损失浪费中的人为内容；

账簿中的待决户、待查户、调整户等内容；

账务收支检查中发现的重点内容；等等。

重点内容筛选确定后，逐项进行查实，如属经营管理不善的问题，则提出检查建议，由被审单位进行整改；如属贪污、贿赂问题，则应落实到人，进行追究。

(3) 根据若干年会计报表的对比分析资料，筛选重点项目。其措施是：将若干年的资产负债表、利润表、费用表，有问题的资金和有问题的商品明细表中的项目，造表排列分析，即可发现，大量的会计项目在对比中反映是正常的或是符合发展规律的，只有极少数的项目表现为突出的高或突出的低。在筛选时，要选择那些由于主观原因所造成的过高与过低的项目，进行重点检查。

第二节　会计凭证检查

一、利用会计凭证舞弊的常见手段

利用会计凭证舞弊是指在设计取得或填制会计凭证等工作中，由于主观原因造成的会计舞弊，主要表现是凭证中的数字、名称、内容、日期、编号等不正确、不合法。

（一）常见原始凭证上的舞弊手段

（1）伪造凭证。利用或采用各种不正当手段获取各种单证并随意填制上所需内容，虚报开支。

（2）不真实编制，编制原始凭证。利用正当的经济活动篡改原始凭证上的内容，造成与实际金额之差，从而进行贪污。

（3）在经济业务账下，挤摊其他开支。把与经济活动无关的个人消费票据加在其中，进行报销。

（4）涂改原始凭证。涂改原始凭证的金额、数字、日期等，从而达到多领款物、钱财的目的。

（5）销毁凭证。通过销毁凭证割断经济活动之间的联系，从中渔利。

（6）内外勾结进行舞弊。在收付款时，不开凭证，或伪造、编造凭证报销，合伙徇私舞弊。

（7）利用凭证签章和传递进行舞弊。

（8）在会计凭证汇总中的舞弊。

（9）用技术手段 PS 原始发票舞弊。

案例：致富皮业公司为发行私募债券，在实际控制人周某决定下，总经理林某及财务经理叶某在负责发债现场审计工作的会计师王某的提议和要求下，篡改财务账套数据，编制虚假纳税申报表等财务凭证，将 2010、2011

两年度营业收入虚增 6.77 亿余元，净利润虚增 1.03 亿余元。为使审计底稿通过审核，叶某通过王某介绍的平面设计师，采用电脑修图手法伪造电子缴税付款凭证和增值税专用发票。最终致富皮业公司及相关人员因欺诈发行债券罪受到法律制裁，亚太会计所也被判向东方证券赔偿 1571 万元及利息和违约金。

（10）分开复写原始凭证，进行贪污。

案例：2007 年，某司法机关在一段时间内多次接到某单位职工的匿名信及电话，说本单位财务处出纳王某有贪污问题，于是决定对王某经管的会计账册、现金、支票及有关资料进行检查。查账人员首先盘点了王某所经管的库存现金，并与调取调整后的“现金日记账”进行核对，未发现不正常情况；接着查账人员对王某所登记的“现金日记账”及有关会计凭证进行了审阅和核对，他们发现其中反映收取现金经济事项收据上的金额比正常情况偏低，且大都是整数（如 300 元、500 元等），根据经验，判断出纳可能有问题。

查账人员向有关交款、付款的个人或单位进行了调查询问，并尽量索取了对方所保存或保管的收据。然后，将索取到的有关收据与王某所开的被查单位用来入账的记账联进行核对，发现二者金额不相符，几张收据的核对结果都是记账联收据上的收款金额小于付款方所持收据上的金额。二者核对后，又将收据存根联找出，进行三方核对，发现存根联与记账联一致，系一次复写，而付款方所持的收据联系单独复写而成。

根据上述情况，查账人员做出了判断：开票人（王某）对现金收据的三联以分两次复写的手法，使收据存根和记账联上的金额小于付款方所持收据上的金额，从而贪污了二者的差额。在正常手续下，三联收据通过两张复写纸的复写，其内容完全一致，而通过上述假复写的形式使本应在复写纸上下一致的收据内容不一致了，而且是付款方所持收据上的金额（正确数）大于收款单位记账联与存根联上的金额（错误数）。最终，王某在事实面前只得承认这是她的惯用伎俩。

查账人员通过对王某所经管的所有会计资料进行详细检查、核对，并调查询问了与之有关的单位与个人，最后查明，王某在任出纳的两年期间运用这种手法贪污公款 670 500 元，王某及其家人在生活方式上与其任出纳前发生了很大的变化，难怪有很多群众怀疑其有贪污行为并进行举报。由于王某贪污金额巨大，已构成犯罪，故由司法机关进行处理，进行进一步查证。

（二）常见记账凭证的舞弊手段

不按规定编制记账凭证，包括：

（1）记账凭证名称不确切；

（2）经济业务摘要栏记录不明确，不简要概括；

（3）记账凭证和原始凭证上的日期相距甚远；

（4）任意调节会计科目。

如某税务稽查组对一生产纺织面料的公司（简称“A 公司”）进行纳税检查，发现 A 公司的增值税和所得税税负明显比同行低。可是，按照常规方法检查了增值税的进项、销项以及成本核算和费用后均未见异常，检查组一时难以得出检查结论。组长老吴认为，增值税及所得税税负明显偏低，说明 A 公司的纳税一定存在异常情形或违规问题，只是没有发现而已。于是，老吴对同类型同生产规模的企业作了调查，发现 A 公司两种主要原材料的进价和耗用数量及产品的销售价均与同类企业相当，但销售数量、销项税及盈利明显偏低，说明 A 公司极有可能隐瞒了部分商品销售收入。于是，检查人员立即对预收账款及其他应付款的各明细账户进行了认真检查，但仍一无所获。

老吴分析，如果 A 公司长期有大量销售收入不入账，将会使因经营活动收到的现金，特别是因销售商品收到的现金流入减少，但现金流出却不会相应减少。如果不从其他渠道流入资金予以补充，就会造成资金周转困难。因此，如果能够发现 A 公司补充资金的渠道，就有证据证明 A 公司有可能存在销售回笼的资金不入账或形成账外账的情形。而如果没有补充的资金渠道，则说明A公司销售回笼的资金可能已经入账，只是未作销售处理。分析到这里，老吴决定将A公司对销售回笼资金的处理作为问题的突破口，于是对银行存款的检查就成了重点。

经过查账，检查人员没有发现企业有从其他渠道补充的现金流入，也没发现将销售回笼资金隐藏在预收账款、应收账款及其他应付款等可能隐藏的账户上。检查组一时陷入了困境。难道分析有误？还是检查不仔细？老吴决定对企业的资金流入作更详细更广泛的检查，于是对销售回笼情况进行了全程跟踪检查，这时问题终于浮出水面。原来，A公司对销售回笼资金的会计凭证处理与账簿处理不一致，在收到回笼资金时，会计凭证上的处理为借“银行存款”，贷“应收账款——B公司”，定性为对B公司所欠销货款债权的回收（记账凭证后所附原始凭证与记账凭证记载内容吻合）；而在过入相应明细账时，却没有登记到相应应收账款的明细账中，而是登记到“预付账款——C公司”明细账户的贷方，体现为对C公司所欠预付购货款债权的回收（C公司为A公司所耗用原材料的供应商），从而将对B公司实现的主营业务收入隐藏在对C公司的预付账款中。最终经查，A公司被检查年度共隐藏销售收入近580万元。

二、对会计凭证的检查

（一）原始凭证的检查

主要从形式和内容上检查：

（1）检查原始凭证的真实性。记录经济内容是否真实，有无伪造、变造。应填写的内容是否齐全、是否与开具凭证的单位发生了经济业务关系、有无白条现象等。

（2）检查原始凭证的合法性。原始凭证所记载的内容等是否符合财税机关发票使用管理的规定，是否超越了自己的经营范围，是否存在假发票。

（3）检查原始凭证的完整性。这是指原始凭证填制的内容是否完整。

（4）检验中，可应用化学技术手段。

（二）记账凭证的检查

（1）检查会计科目和会计分录是否正确。

（2）检查记账凭证后有无附着原始凭证，所附原始凭证张数、金额是否相等。

（3）检查记账凭证与原始凭证的经济内容是否相符。

（4）要注意用红字冲销的记账凭证。

第三节　会计账簿的检查

一、利用会计账簿舞弊的主要手段

利用会计账簿舞弊：是指在账簿设计、启用、登记等项工作中，由于主观原因所造成的会计舞弊；另外，由于原始凭证故意制假或没有按规定检查而造成错误情况的存在，也造成会计账簿舞弊。实践中常见的舞弊手段有：

（1）不依法设置会计账簿，包括：不设置会计账簿，会计账簿设计、设置中舞弊。

账簿形式设计不合理，不符合单位核算要求，没有形成完整的账簿体系，就会造成混乱和漏洞。

（2）伪造账簿、虚列账户。

（3）私设会计账簿，即设立账外账。

（4）隐瞒账户。有的单位设立多个银行账户，只用一个或两个对外，列入账内，其他不对外，自己内部存支。

（5）篡改账目。

（6）随意变更会计处理方法。

二、会计账簿检查的基本方法

(1) 检查会计账簿的设计、设置、启用以及填写的会计资料项目等是否符合国家统一规定和制度

(2) 账证核对。账簿与原始凭证和记账凭证核对。

(3) 账账核对。总账、明细账、日记账要核对。

(4) 账实核对。

(5) 复核账面数字。检查有无错漏，其更改部分是否有根据，结账是否真实，是否承上启下相衔接。

(6) 会计科目记录是否正确，是否存在随意调制的问题。

(7) 账表核对。

第四节　会计报表的检查

一、会计报表中的主要舞弊手段

会计报表舞弊就是在设置、编报、汇总和分析会计报表等项工作中，因为主观原因所造成的会计舞弊；另外，会计凭证和会计账簿中存在的会计舞弊有时可直接或间接地在会计报表中得到反映和体现。

会计报表容易出现的舞弊手段问题：

(一) 报表编制不齐

按规定，企事业单位应根据各自行业的会计准则和要求，编制会计报表，在规定时间内送达有关部门，以便了解、监督单位的财务及生产、销售等运营状况。但有的单位和部门不编制、少编制会计报表或少填写有关内容，造成会计报表编制不全。例如，利润的构成和利润分配的各个项目，应

当在会计报表中分项列示。仅有利润分配方案，而未最后决定的，应当将分配方案在会计报表附注中说明。如此问题，如果在会计报表中不反映或阐述不清，属于报表编制不齐全的问题，给利润分配有关问题的舞弊留下了空隙。

（二）会计报表内容不完整

在填制会计报表时，应根据不同报表中的内容填制，有的数字直接来源于总账，有的需要合并有关会计科目的余额后填制。在实际工作中，有的单位或部门编制会计报表时，可能会少合并有关科目，造成会计报表内容不完整，不能真实反映单位的实际财务状况。

（三）会计报表填制的数字不真实

制作财务会计报表时应注意：会计报表之间、会计报表各项目之间，凡有对应关系的数字，应当相互一致；本期会计报表与上期会计报表之间有关的数字应当相互衔接。

（四）会计报表中各项目之间的对应关系数字不准确

根据有关规定，制作财务会计报告时应注意：会计报表之间、会计报表各项目之间，凡有对应关系的数字，应当相互一致，本期会计报表与上期会计报表之间有关的数字应当相互衔接。但有的单位在编制报表时，故意篡改有关对应数字，以掩盖违法犯罪问题。

（五）会计报表附注中，内容阐述不清楚

会计报表附注是对会计报表的补充说明，能让报表使用者更全面、深入地理解企业财务信息；主要用于解释报表中数据的计算方法、会计政策选择（如折旧方法）、重要事项（如关联交易）等，披露报表未直接体现的风险（如或有负债）、未来影响（如资产负债表日后事项）等，增强信息可信度。因此，会计报表附注的各项内容必须清晰，数据与报表一致，不得虚构或隐瞒；附注需与报表数据勾稽一致，避免出现矛盾信息。

二、对会计报表的检查

（一）核对表表之间、表账之间的对应关系，从中发现问题

根据会计规则和原理，会计资料之间应当是一一对应的关系。因此，在实践中，可运用比较分析法、核对法、计算法，查证账表数字是否符合，本期报表与上期报表是否衔接，本期的报表是否是在上期的基础上变动的，有关数字、内容是否环环相扣，本期报表是否和有关总账、明细账对应。

（二）分解会计报表中反映的综合指标，与具体项目相对照分析

会计报表中的一些科目数字是由其他科目余额合并、计算而得出的。因此，对会计报表中反映的综合指标要进行分解还原，与总账或明细账的有关科目核对，发现问题。如利润表中的税金、费用等，就是对各有关科目或子科目合并计算得出的，在检查时，就要与总账、明细账核对、计算，以确定有无舞弊行为。

（三）检查报表前后期衔接状况

在检查中，将前后应当衔接的项目进行核对，检查数字是否衔接。如，上年期末数字与本年度年初有关数字是否相等，以发现疑点，查明导致的原因。

另外，将前期和同期的财务状况和经营情况的分析报告，以及对有关财务、业务统计报表等资料结合起来进行分析验证，以确认会计报表中各项目和数额是否正确，对可疑项目进行追踪。

（四）检查利润表，分析利润增减原因

在会计报表中，本月利润数字是通过计算有关利润科目的期末余额而得出的。在正常经营情况下，每月的利润是比较稳定，不会有很大起伏。如果某月利润突然发生较大变化，要查明原因，是成本上升，还是隐瞒收入将其纳入了“小金库”。在查证的过程中，要和现金流量表、银行存款日记账等有关科目核对，以发现隐蔽的问题。

第三章 库存现金账和银行存款账的检查

第一节 库存现金账的检查

一、库存现金及管理制度

（一）库存现金概念

库存现金是指存放在单位财会部门并由出纳经管的纸币、硬币、电子货币以及折算为记账本位币的外币等。现金是流动性最强的一种资产，是一种直接的流通货币，也是对其他资产进行计量的一般尺度和会计处理的基础，它可以随时用来购买其他资产和清偿债务，支付有关费用等。正因为如此，企业单位必须对现金进行严格的管理和控制，使现金能在经营过程中合理地、通畅地流转，提高现金的使用效用，确保现金的安全。

（二）管理制度

现金是流动性最强的资产，同时也是最容易出问题的资产，所以加强现金的管理，对于保护企业财产的安全与完整，发挥现金资产的正常作用十分重要，这也是会计核算的重点内容和企业内部控制的关键环节。为此，国务院发布了《现金管理暂行条例》，对现金管理的有关问题做出了具体的规定。其主要内容包括：现金范围的规定、库存现金限额的确定、现金日常收支的若干规定、违反现金规定的处罚办法等。

2001 年 6 月 22 日，财政部印发了《内部会计控制规范——基本规范（试行）》和《内部会计控制规范——货币资金（试行）》，作为《会计法》的配套规章。

按照各有关现金管理制度的规定，现金管理的具体内容包括：

1. 现金收入和现金支出的范围

现金的收支范围是现金管理的一项重要内容，现金作为一种结算手段，只能在某些规定的范围使用。企业与其他单位的经济、业务往来，除按照规定的范围可以使用现金的以外，应该通过开户银行办理转账结算。中国人民银行是现金管理的主管部门，各级人民银行负责现金管理的日常监督和稽查；凡在银行开户的各企业单位，必须接受开户银行对其现金收支的日常管理和监督。

2. 库存现金限额的确定

在银行开户的各个企业单位，对其库存的现金量必须核定最高限额。按照《现金管理暂行条例》及其实施细则的规定，企业库存现金限额由企业提出计划，报开户银行审批。经过开户银行核定的库存现金限额，各个企业单位必须严格遵照执行。企业单位由于业务范围、内容发生变化，需要增加或减少限额时，应向开户银行提出申请，经过开户银行批准之后方可调整库存现金限额。

3. 现金规定的使用范围

（1）职工工资、津贴，这里所说的职工工资指企业、事业单位和机关、团体、部队支付给职工的工资和工资性津贴。

（2）个人劳务报酬，指由于个人向企业、事业单位和机关、团体、部队等提供劳务，而由企业、事业单位和机关、团体、部队等向个人支付的劳务报酬，包括新闻出版单位支付给作者的稿费，各种学校、培训机构支付给外聘教师的讲课费，以及设计费、装潢费、安装费、制图费、化验费、测试费、咨询费、医疗费、技术服务费、介绍服务费、经纪服务费、代办服务费、各种演出与表演费，以及其他劳务费用。

（3）根据国家制度条例的规定，颁发给个人的科学技术、文化艺术、体育等方面的各种奖金。

（4）各种劳保、福利费用以及国家规定的对个人的其他支出，如退休金、抚恤金、学生助学金、职工困难生活补助。

（5）收购单位向个人收购农副产品和其他物资的价款，如金银、工艺品、废旧物资的价款。

（6）出差人员必须随身携带的差旅费。

（7）结算起点（1000 元）以下的零星支出。超过结算起点的应实行银行转账结算。

4. 单位不得坐支现金

因业务需要必须支付现金的，可以从本单位库存现金中支付或从开户银行提取现金支付；但不得从本单位收入的现金中直接支付现金，即不得坐支现金。因特殊原因需要坐支现金的单位，要事先报经开户银行批准，并逐月向银行报告。

5. 企业必须健全现金账户

库存现金的核算，还应包括它的总分类核算和明细分类核算。库存现金的总分类核算是通过设置“库存现金”账户进行的。“库存现金”账户是资产类账户，借方反映库存现金的收入，贷方反映库存现金的支出，余额在借方，表示库存现金的余额。明细分类核算是通过设置现金日记账进行的。现金日记账是反映和监督现金收支结存的序时账，必须采用订本式账簿，并为每一账页顺序编号，防止账页丢失或随意抽换，也便于查阅。现金日记账一般采取收、付、存三栏式格式，由出纳人员根据审核后的原始凭证或现金收款凭证、付款凭证逐日逐笔序时登记；对于从银行提取现金的业务，一般编制银行存款的付款凭证，并据以登记现金日记账。每日终了应计算本日现金收入、支出的合计数和结存数，并对库存现金进行核对，做到日清月结，保证账款相符。不准挪用公款，也不准用“白条”抵充现金库存。

所有的收付款凭证应由出纳人员送交会计人员，作为登记总分类账和有关明细分类账的依据。总分类账户中现金账户余额应与现金日记账的余额相等。

二、库存现金的账务处理

企业单位在日常经营过程中，经常会发生一些与现金的收、付有关的经济业务，随着这些经济业务的发生，必然涉及现金的总分类核算。现金的核算通过设置“库存现金”账户来进行。该账户的性质是资产类，其借方登记库存现金的增加，贷方登记库存现金的减少，期末余额在借方，表示库存现金的期末结余额。为了反映现金增减变化的具体情况，企业还应设置现金日记账，以便于对库存现金增减变动的过程及其结果进行及时的核算。

企业单位由于销售商品、提供劳务以及从银行提取现金等而发生现金收款业务时，出纳员应根据审核无误的原始凭证收讫现金后，在有关的原始凭证上加盖“现金收讫”戳记，然后由会计人员根据原始凭证编制现金收款凭证或银行存款付款凭证（货币资金内部相互划转业务即从银行提取现金），出纳员根据现金收款凭证或银行存款付款凭证就可以登记现金日记账。企业收入、支出现金的途径主要包括：与营业活动有关的现金收付款业务，与投资活动有关的现金收付款业务，与筹资活动有关的现金收付款业务以及其他现金收付款业务。

举例说明现金收入、支出的核算如下：

例：某商业企业 4 月份发生与现金有关的经济业务如下：

（1）企业销售商品取得现金收入 100 元，增值税率 17%，计 17 元。

借：库存现金 117

　贷：主营业务收入 100

　　应交税费——应交增值税（销项税额）17

（2）企业收回应收账款 120 元。

借：库存现金 120

　贷：应收账款 120

（3）企业技术人员张英预借差旅费 400 元。

借：其他应收款——张英 400

　贷：库存现金 400

（4）行政管理部门报销市内交通费 200 元。

借：管理费用 200

　贷：库存现金 200

三、对现金账户的一般检查

（一）检查被检查单位现金内部控制制度

一般情况，首先应注意检查现金内部控制制度是否建立并严格执行，了解诸如款项的收支是否按规定的程序和权限办理，是否存在与本单位经费无关的款项收支情况，出纳与会计职责是否严格分离，现金是否妥善保管，是否定期盘点、核对，等等。

（二）检查收款凭证

如果被检查单位现金收款内部控制不严，很可能会发生贪污舞弊或挪用等情况。例如，在一个小企业中，出纳员同时记应收账款明细账，很可能发生循环挪用的情况，因此应对收款凭证进行检查。

（三）检查付款凭证

检查付款的授权批准手续是否符合规定，核对现金付款凭证与应付账款明细账的记录是否一致，再如核对实付金额与购货发票是否相符，等等。

四、对库存现金检查的方法

对库存现金的清查主要采取的方法是盘存法。清查时，相关人员要到场，部门负责人要参加。

清查库存现金的步骤：

（1）结出余额。在盘查之前，要求出纳员将现金收付单据入账，并结出余额。

（2）核对有关现金账。将现金日记账与总分类账进行核对；将现金实存数与账面余额进行比对，检查账实是否相符，如不符，追查责任。

（3）核查现金收、付凭证，包括：查明有无大额收付款项，违法、违规不走银行转账而直接用现金支付与收取的情况；有无收取现金不及时送存银行而坐支现金的，有无收入现金不入账，长期抵存于库的；有无挪用现金的；有无重复报销、虚报冒领的；有无用涂改、伪造凭证的方法、手段，进行贪污的。

（4）清查时要做记录。

五、现金账户检查实例

查账人员在检查某经营企业现金日记账时，发现该公司存在现金不实行日清月结的漏洞。

查账人员主要采用盘点法、审阅法、询问法等方法进行检查。查账人员对库存现金进行突击盘点，发现短缺现金 25 万元。

接着查账人员采用核对法和调查法进行检查，将银行存款日记账上的收支业务逐笔与银行对账单核对，发现多笔银行对账单上有金额相同且间隔时间不长的一收一付两笔业务，而银行存款日记账上没有记录。这引起了查账人员特别注意，查账人员询问会计是什么原因造成的，会计人员说“很正常”。

最后查账人员采用调查法，到银行调查该收付业务的具体内容，发现有 2 笔银行存款不入账，而是以出纳员私人名义存入银行，从中贪污公款利息 3 万元。

可见该单位存在的问题是：会计、出纳合谋，银行存款不入账，挪用公款，公款私存，贪污公款私存的利息。

因此该单位应当加强内控制度的建立、健全工作，对现金、银行存款严格执行财务收支结算制度。

作如下调账处理：

借：银行存款　　280 000

　贷：其他应收款　250 000

　　　财务费用　　30 000

第二节 “小金库”的检查技术

一、“小金库”的特点

“小金库”，是指国家机关、团体、企业、事业单位或部门，违反财经制度，侵占、截留国家和集体资金，化大公为小公、化公为私，不通过财务会计部门列收列支，私存私放的各项资金。

“小金库”的账簿一般仅有日记账账簿（流水账）。个别单位也建有内容较为完整的总账和明细账。

二、“小金库”的发现方法

（一）“小金库”的资金来源渠道

“小金库”的形成，主要有以下三种资金来源渠道：

1. 截留各种收入款项

截留收入款项是一般单位“小金库”资金来源的主要渠道，即将各种收入不通过或不全部通过财务会计部门列收，将截留的收入转为“小金库”。这类收入通常包括：

（1）正常的业务收入；

（2）涨库物资的销售收入；

(3) 废旧物资的销售收入;

(4) 销售退货不入库重新销售所取得的收入;

(5) 提价销售商品取得的“差价”收入;

(6) 零星业务收入;

(7) 经营中收取的回扣、佣金、手续费等收入;

(8) 通过非法经营取得的收入;

(9) 各种会议中向到会人收取的会务费收入;

(10) 公款投资形成利息、分红收入;等等。

2. 核销虚假费用,形成账外款项

有些单位或部门出于不同的目的,使用虚假费用凭证,通过财务会计部门“支出”后,将“支出”的款项直接转入“小金库”。常见的这类“支出”有:

(1) 材料采购进价;

(2) 运输费;

(3) 货物运输途中损耗;

(4) 空名工资;

(5) 加班费;

(6) 加工修理费;

(7) 回扣、手续费、佣金;等等。

3. “小金库”资金的经营收入

“小金库”的资金在使用中所产生的收益,亦可形成“小金库”的部分资金来源。如:“小金库”存款的利息收入;“小金库”资金投资形成的利息、分红、使用费收入;利用“小金库”资金进行生产经营取得的利润;等等。

(二) 发现“小金库”的方法与途径

“小金库”资金主要来源于隐匿应当入账的收入和虚报开支。因此,在司法会计检查中发现“小金库”的最主要的方法，就是通过查账，查明有无未入账的财务收入和虚列的财务支出。

通过司法会计检查发现“小金库”的途径主要有：

1. 通过检查库存现金发现“小金库”

这主要有两种情形：一是，“小金库”的现金与库存现金混放的，在查库时会发现现金大量长库；二是储蓄机构的，在查库时可能会发现储蓄存单。

2. 通过检查银行存款发现“小金库”

有的单位将“小金库”资金存放于其在银行单独开设的账户中。

3. 通过检查收入凭证发现“小金库”

主要是通过检查核对发票、收据，发现未入账的收入票据，并通过追查未入账收入款项的下落，查出“小金库”。

4. 通过检查支出凭证发现“小金库”

主要是在检查费用支出凭证时注意查找虚假的财务凭证，并通过追查虚列支出款项的去向，查出“小金库”。

5. 通过检查往来账目发现“小金库”

主要是通过检查核对应收、应付、暂收、暂付等往来账目，发现虚设账户，并通过核查其款项收支情况，查出“小金库”。

三、实例分析

案例：私设“小金库”，隐瞒收入

查账人员在检查某服装 X 公司的“银行存款日记账”时，发现 2005 年 11 月 15 日 28#凭证摘要为“退货款”10 万元，结算方式为委托。该笔货款入账时间为 11 月 11 日，收款凭证为 25#。在 4 天之内发生退货，查账人员怀疑有假退款行为。

查账人员进行了跟踪调查，首先先调阅 25#凭证，其会计分录为：

借：银行存款　　100 000

　贷：应收账款　100 000

所附原始凭证为银行转来的“收账通知”，付款单位为上海某厂。调阅 28#凭证，其会计分录为：

借：商品销售收入　100 000

　贷：应收账款　100 000

所附原始凭证 2 张，一张是该公司业务部门开出的退货发票，即红字发票；另一张是该公司财会部门开出的转账支票，收款人为上海某厂代理处。

查账人员分析，该公司从上海某厂收款后为何把退款转到某厂代理处，于是决定追查。银行证实，该款项转到了 Y 公司账号上。经调查发现，Y 公司根本不存在，同时查账人员与某厂取得电话联系，发现该厂根本未发生退货业务。

在全部取证后，X 公司财务科长供认 Y 公司账户是该公司李某利用同银行工作人员的关系开设的，存入部分收入，作发放奖金和支付回扣等。Y 公司账户余额 20 万元全部为 X 公司所有。

该单位存在的问题是：X 公司利用银行管理漏洞，开设黑户，隐瞒收入，存入“小金库”或私分，逃避税收。X 公司开设黑户的全部收入属于企业的营业收入，应收回并撤销所谓的 Y 公司账户。

调账收回余额 20 万元时，应做会计分录如下：

借：银行存款　200 000

　贷：商品销售收入　200 000

并按规定计缴税金。

第三节 银行存款账的检查

一、银行存款概念

银行存款是指企事业单位存放在银行和其他金融机构的货币资金。按照国家现金管理和结算制度的规定，每个企业都要在银行开立账户，称为结算户存款，用来办理存款、取款和转账结算。

银行存款账户分为基本存款账户、一般存款账户、临时存款账户和专用存款账户。

基本存款账户是指企业办理日常转账结算和现金收付的账户。

一般存款账户是指企业在基本存款账户以外的银行借款转存、与基本存款账户的企业不在同一地点的附属非独立核算单位开立的账户，本账户可以办理转账结算和现金缴存，但不能提取现金。

临时存款账户是指企业因临时生产经营活动的需要而开立的账户，本账户既可以办理转账结算，又可以根据现金管理规定存取现金。

专用存款账户是指企业因特定用途需要所开立的账户。

企业只能在一家银行的几个分支机构开立一般存款账户。企业的银行存款账户只能用来办理本单位的生产经营业务活动的结算，不得出租和出借账户。

为了加强对基本存款账户的管理，国家实行开户许可制度，企事业单位开立基本存款账户，必须凭中国人民银行当地分支机构核发的开户许可证办理，企事业单位不得为还贷、还债和套取现金而多头开立基本存款账户；不得出租、出借账户；不得违反规定在异地存款和贷款而开立账户。任何单位和个人不得将单位的资金以个人名义开立账户存储。

二、银行结算方式

在我国，企业日常大量的与其他企业或个人的经济业务往来，都是通过银行结算的，银行是社会经济活动中各项资金流转清算的中心，为了保证银行结算业务的正常开展，使社会经济活动中各项资金得以通畅流转，根据《票据法》《票据管理实施办法》和《支付结算办法》等规定，企业目前可以选择使用的票据结算工具主要包括银行汇票、商业汇票、银行本票、支票、汇兑、托收承付、委托收款、信用卡、信用证等结算方式。

（一）支票

支票指是出票人签发的，委托办理支票存款业务的银行在见票时无条件支付确定的金额给收款人或者持票人的票据。

支票的分类：

（1）现金支票：只能用于支取现金。

（2）转账支票：只能用于转账。

（3）划线支票：只能用于转账。划线支票又可以分为一般划线支票和特别划线支票。

（4）普通支票：既可以用于支取现金，也可以用于转账。

签发、收取支票的业务，通过“银行存款”科目核算。

（二）银行本票

银行支票是指银行签发的，承诺自己在见票时，无条件支付确定的金额给收款人或持票人的票据。付款提示期限最长不超过2个月。银行本票的出票人为经中国人民银行当地分支行批准办理银行本票业务的银行机构。银行本票的出票人为票据的主债务人，负有无条件支付票款的责任。

申请人和收款人均为个人才可申请办理现金银行本票。同时将定额银行本票面额分为1 000元、5 000元、10 000元和50 000元。银行本票丧失，失票人可以凭人民法院出具的其享有票据权利的证明，向出票银行请求付款或退款。

（三）银行汇票

银行汇票是指出票银行签发的，由其在见票时按照实际结算金额无条件支付给收款人或持票人的票据。付款提示期限最长不超过1个月。

银行汇票禁止更改实际结算金额。以往允许更改实际结算金额，但容易发生收款人擅自扩大实际结算金额的情况，造成纠纷。由于汇票允许背书转让，为保证汇票对价转让，增强流通的安全性，《票据法》《支付结算办法》规定实际结算金额不得更改，更改实际结算金额的汇票无效；同时规定银行汇票的背书转让要以实际结算金额为准，未填写实际结算金额或实际结算金额超过出票金额的不得背书转让。

银行汇票的使用地域为同城或异地结算。

收款人或持票人超过付款提示期限，代理付款银行不予受理，申请人因超过付款提示期限或其他原因，可向出票银行作出说明并提供有关证件请求付款或退款；丧失的银行汇票，失票人可凭人民法院出具的其享有票据权利的证明向出票银行请示付款或退款。

企业或单位使用银行汇票，应向银行提交银行汇票申请书，详细填明申请人名称、申请人账号或住址、用途、汇票金额、收款人名称、收款人账号或住址、代理付款等项内容，并将款项交存银行。申请企业和单位收到银行签发的银行汇票和解讫通知后，根据“银行汇票申请书（存根）”联编制付款凭证。如有多余款项，应根据多余款项收账通知，编制收款凭证；申请人由于汇票超过付款期限或其他原因要求退款时，应交回汇票和解讫通知，并按照支付结算办法的规定提交证明或身份证件，根据银行退回并加盖了转讫章的多余款收账通知，编制收款凭证。

收款单位应将汇票、解讫通知和进账单交付银行，根据银行退回并加盖了转讫章的进账单和有关原始凭证，编制收款凭证。

（四）商业汇票

商业汇票是指出票人签发的，委托付款人在指定日期无条件支付确定的金额给收款人或持票人的票据。

在银行开立存款账户的法人以及其他组织之间，具有真实的交易关系或债权债务关系，均可使用商业汇票。商业汇票的付款期限，最长不得超过6个月。

(五) 信用卡

信用卡是指商业银行向单位和个人发行的，凭以向特约单位购物、消费和向银行存取现金，且具有消费信用的特制载体卡片。

严格规定使用范围。根据信用支付的特点，信用卡主要用于消费性支出，不得用于10万元以上的商品交易，对10万元以下的，由于金额较小，为便于持卡人的一些零星支付，允许用于商品交易、劳务供应的款项结算。

限制资金来源。单位卡账户的资金一律从其基本存款账户转存入，不得交存现金，不得将其他存款账户和销售收入的款项转入其账户，严禁将单位的款项存入个人卡账户。

加强现金管理。发展信用卡的目的，主要是为了减少现金使用，为防止利用信用卡套取现金，《银行卡业务管理办法》规定单位卡一律不得支取现金，个人卡可以在银行和自动柜员机上支取现金，但超过支付限额的，代理银行应向发卡银行索取。

控制支付风险。为了加强信用卡的风险管理，有关法规对容易发生风险的问题作了强制性的规定：(1) 确定透支额度，金卡最高不得超过1万元，普通卡最高不得超过5 000元，透支期限最长不得超过60天；(2) 建立授权制度，对超过规定限额的，要经发卡银行授权；(3) 规定透支的利率及其利息的计算，对信用卡的透支，按透支期限规定了不同的利率，并按最后期限或最高透支额的最高利率档次计算；(4) 设立备用金和担保制度，申领信用卡要向发卡银行交存一定的备用金，并根据申请人的资信程度，要求提供担保；(5) 规定了恶意透支的性质，对恶意透支的要依法追究其刑事责任。

单位申请使用信用卡，应按发卡银行规定向发卡银行填写申请表，连同支票和进账单一并送交发卡银行，根据银行盖章退回的进账单第一联，编制付款凭证。

（六）汇兑

汇兑指汇款人委托银行将其款项支付给收款人的结算方式。

采用汇兑结算方式的，付款单位委托银行办理信汇时，应向银行填制一式四联信汇凭证，第一联回单，第二联借方凭证，第三联贷方凭证，第四联收账通知或代取款凭证，并根据银行盖章退回的第一联信汇凭证，编制付款凭证。收款单位对于通过信汇方式汇入的款项，应在收到银行的收账通知时，编制收款凭证。

付款单位委托银行办理电汇时，应向银行填制一式三联电汇凭证，第一联回单，第二联借方凭证，第三联发电依据，并根据银行盖章退回的第一联电汇凭证，编制付款凭证。收款单位对于通过电汇方式汇入的款项，应在收到银行的收账通知时，编制收款凭证。

（七）委托收款

委托收款是收款人委托银行向付款人收取款项的结算方式，只适用于单位和个人已承兑商业汇票、债券、存单等付款人债务证明办理款项的结算。

委托收款只允许全额付款或全部拒绝付款。采用委托收款结算方式的，收款人办理委托收款时，采取邮寄划款的，应填制邮划委托收款凭证。邮划委托收款凭证一式五联，第一联回单，第二联贷方凭证，第三联借方凭证，第四联收账通知，第五联付款通知。采取电报划款的，应填制电划委托收款凭证。电划委托收款凭证一式五联，第一联回单，第二联贷方凭证，第三联借方凭证，第四联发电依据，第五联付款通知。收款人在第二联上签章后，将有关委托收款凭证和债务证明提交开户银行，在收到银行转来的收账通知时，编制收款凭证。付款单位根据收到的委托收款凭证和有关债务证明，编制付款凭证。

（八）托收承付

托收承付是根据购销合同由收款人发货后，委托银行向异地付款人收取款项，由付款人向银行承认付款的结算方式。

单位办理托收承付结算每笔金额起点为10 000元，新华书店系统每笔的金额起点为1 000元。

托收条件的规定比较明确。收款人办理托收，必须具有商品确已发运的证件（包括铁路、航运、公路等运输部门签发运单、运单副本和邮局包裹回执），特别是对没有发运证件的需办理托收和军品办理托收制定了具体的规定。

《支付结算办法》明确规定了委托承付逾期付款赔偿金的计算方法，将赔偿金计算利率由原来的每天3‱改为每天5‱，并增加了逾期付款期满3个月仍未付清欠款，付款人开户银行通知付款人退回单证，付款人开户行如自发出通知的第3天起付款人不退回单证的，付款人开户行每天按欠款金额处以5‱但不低于50元的罚款，并暂停付款人向外办理结算业务，直至退回单证为止。

采用托收承付结算方式的，收款人办理托收时，采取邮寄划款的，应填制邮划托收承付凭证。邮划托收承付凭证一式五联，第一联回单，第二联贷方凭证，第三联借方凭证，第四联收账通知，第五联付款通知。采取电报划款的，应填制电划托收承付凭证。电划托收承付凭证一式五联，第一联回单，第二联贷方凭证，第三联借方凭证，第四联发电依据，第五联付款通知。收款人在第二联上签章后，将有关托收凭证和有关单证提交开户银行，在收到银行转来的收账通知时，编制收款凭证。付款单位根据收到的托收承付凭证的承付付款通知和有关交易单证，编制付款凭证。

（九）信用证

信用证是开证银行依据申请人的申请开出的，凭符合信用证条款的单据支付的付款承诺。该信用证为不可撤销、不可转让的跟单信用证。

信用证属于银行信用，采用信用证支付，对销货方安全收回货款较有保障；对购货方来说，由于货款的支付是以取得符合信用证规定的货运单据为条件，避免了预付货款的风险。因此，信用证结算方式在一定程度上解决了购销双方在付款和交货问题上的矛盾。信用证结算方式主要有以下几个特点：

（1）开证银行负第一性付款责任。信用证是一种以开证银行自己的信用作出付款保证的结算方式。不同于一般担保业务中银行只负第二性的责任，信用证开出后，开证行负第一性的付款责任。信用证实质上是一种银行保证付款的文件，信用证的开证行是第一付款人，即主债务人。销货方无须先找购货方而是通过有关银行向信用证上的开证银行交单取款，开证行对受益人的付款责任是一种独立的责任，即使申请人未能履行其义务，只要受益人所提交的单据与信用证条款一致，银行就应承担对受益人的第一性付款责任。

（2）信用证是一项独立文件，不受购销合同的约束。虽然信用证的开立是以购销合同为基础，购销双方要受合同约束，但信用证一经开出，在信用证业务处理过程中，各当事人的责任与权利都以信用证为准。即开证银行只对信用证负责，只凭信用证所定的而又完全符合条款的单据付款。开证行付款时仅审核单证与信用证规定的单证是否相符，而不管销货方是否履行合同以及履行的程度如何。因此，信用证是一种依据购销合同开立的，但一经开出后又与购销合同相分离的独立文件。

（3）信用证业务只处理单据，一切都以单据为准。信用证业务实质上是一种单据的买卖，银行是凭相符单据付款，而对货物的真假好坏、是否已装运、是否中途损失、是否到达目的地都不负责任。也就是说，即使单据上表示的货物与实际货物在数量、质量上有所不同，只要单据内容符合信用证规定银行照样接受。如果购货方发现货物的数量、质量与单证不符，有对受益人提出索赔的理由，但开证银行不能以购货方进口商提出的货物与单证不符作为拒付的理由，因此，在信用证方式下受益人要保证收款就一定要提供相符单据，开证行要拒付也一定要以单据上的不符点为理由。

三、对银行存款的检查

（一）检查银行存款收支业务是否合法

（1）单位各存款账户的使用是否存在混乱情况；

（2）银行存款收支业务所附原始凭证是否真实合法，有无挪用资金和转移资金的情况；

（3）银行存款收支业务，是否与单位生产经营业务有关；

（4）银行存款支票有无缺号，以此进行贪污或挪用；

（5）银行存款现金支票的收支与单位银行存款日记账和单位现金日记账相核对，检查有无利用“其他应收款”“其他应付款”账户转移资金，进行舞弊；

（6）对挂失、作废的银行存款支票，检查有无将其存根注销不记账，而将该项存款转移或购买商品，从而串通舞弊或监守自盗；

（7）检查有无将公款私存的情况；

（8）有无专项基金占用流动资金的情况；

（9）在检查中，有无隐匿银行对账单的情况。

实例分析如下：收到货款后，会计侵吞折扣款。

查账人员检查X企业2005年4月6日的银行存款日记账，在搜集对账单时，发现缺少4月份的账单，于是到银行复印一份，核对发现4月6日的一笔8 000元的银行收入未入账，查账人员怀疑其有贪污行为。

查账人员将检查日的银行存款日记账的账面余额与银行对账单进行调整，验证了银行对账单和企业银行存款日记账相符；后又将企业银行存款日记账与对账单进行核对，详细检查了4月份的银行存款日记账，发现X企业在4月7日开出一张现金支票，并且提出的现金8 000元未入账。

查账人员针对上述这一收一付金额相符但均未入账的疑点，对企业会计人员王某进行询问，王某如实交代了犯罪事实。

可见该单位存在的问题是：X 企业购入原材料，金额 16 万元，用汇票结算，收到货后，根据 Y 公司出具发货票作了账务处理：

借：原材料　　160 000

　贷：银行存款　　160 000

作为促销，Y 公司按购价的 5%折扣通过银行汇入 X 公司开户行，退给 X 企业折扣款 8 000 元，会计李某收到款后，认为有机可乘，欲侵吞此折扣款，于是将银行汇款单及相关单据毁掉，并于次日开出现金支票将此款支出，装入个人口袋。月末，李某将 4 月份银行对账单销毁，以逃避检查。

因此该单位应当没收赃款，并对李某处以罚款 2 000 元。

调账的会计分录：

借：银行存款　　　　10 000

　贷：原材料　　　　8 000

　　　营业外收入　　2 000

（二）银行存款余额的检查

单位银行存款日记账账户余额应与相应日期的银行对账单余额核对，检查其是否相一致，如不一致，一般是由“未达账项”造成的。

未达账项，是指各种票据和结算凭证由于单位与银行在传递与入账时间上不同步，所出现的一方已入账而另一方还没有入账的账项。

对未达账项检查应注意的重点：

（1）上月未达账项本月是否已入账，如未入账，查明原因。

（2）对账单上已经记入，现金日记账未记的账目，查明原因。

（3）单位的日记账已经记入，而对账单上没有记入的账目。

（4）凡银行收账的业务，必然是银行先记账，然后将凭证传递给单位再记账，如相反，查明原因。

（5）对短期内一收一付相同金额的账目，应查明是否存在转移资金或出借账户的不法行为。

(6) 对与外单位发生的货币资金往来业务，注意有无以转账支票换取现金支票，套取现金的行为。

(三) 对银行调节表的检查

银行调节表是指开户单位银行账与银行存款账户金额不符时，由开户单位出纳人员编制的调节双方余额相等的一种表格。

发生原因为收付款日期不一致，多由日期错位所致。

表 1　某某工厂银行存款调节表

日　期	摘　要	余　额	日　期	摘　要	余　额
7 月 31 日	银行对账单存款余额 加：企业已入账银行未入账 (1) 企业已入账银行未入账 (2) …… (3) ……	378.00 4280.00		企业银行账户存款余额 加：企业已支银行未支 (1) 企业已支银行未支 (2) …… (3) ……	3728.00 764.00
	减：企业已支银行未支 (1) 企业已支银行未支 (2) ……	98.00		减：企业已入银行未入 (1) 企业已入银行未入 (2) ……	932.00
	调整后数字	4560.00		调整后数字	4560.00

开户单位发生的未达账项，有四种情况：

(1) 企业收到的转账支票送存银行，企业已收款记账，而银行尚未办理转账手续，成为银行方面的未达账项。

(2) 企业开出支票或其他付出款项已经记账，减少了银行存款，但持票人尚未到银行取款，或尚未到银行办理转账手续，成为银行方面的未达账项。

(3) 企业委托银行代收款项，银行在收到款项时已经记入企业的存款账户，但企业未收到银行的收款通知单，未入账，成为企业方面的未达账项。

(4) 企业委托银行代付的款项，银行已付款记账，减少了企业银行存款，但付款通知单未递达企业，故未入账，成为企业未入账的应付款项。

四、实例分析

案例：从银行对账单中发现问题

(一) 发现问题

检查组检查了一家只有80多名员工的某IT公司。该公司仅开立了一个基本存款账户和两个一般存款账户，日常会计处理也仅是以应纳营业税的业务收入及费用开支为主，会计核算清晰，而且该公司还主动提供了月保存完整且很少有未达账调整的银行对账单和银行存款余额调节表及其他与查账相关的资料。检查员小张围绕该公司有关纳税方面的数据、指标等作了比较和分析，发现被检查年度的业务收入、盈利及营业税和所得税的纳税额较前两年均有不同程度的下降，但主要费用的开支却不降反升，小张怀疑该公司有隐瞒业务收入偷税的可能，但一时又无从下手。检查员老张指点小张，先对可能隐瞒业务收入的疑点作进一步的分析和确认。于是，小张又查了与业务收入有密切关联的业务招待费及员工工资，发现这两项开支均比上年度增加了20%多。这加深了小张对该公司隐瞒收入的怀疑，但如何寻找突破口让小张颇费心思。他先后在账面上检查了主营业务收入、应收账款、其他应付款及银行存款等可能与隐瞒收入相关的科目核算情况，但未发现任何异常。小张一时陷入困境。然而，在检查休息与公司员工闲聊时，小张获得了关于公司中层领导年薪的两种相互矛盾的说法。有人说25万元，有人说仅七八万元，两种说法如此大的差异让小张虽迷惑不解，但感觉此信息很有价值。为了揭开谜底，小张对账面工资的发放情况进行了检查，确认该公司中层领导工资的账面发放额仅是七八万元。但小张认为无风不起浪，如果25万年薪确有其事，则该公司一定有其他资金来源，即很可能存在由隐瞒业务收入而形成的“小金库”。与此同时，检查员老张又提供给小张另外一条信息，说他在查阅该公司年终总结时看到这样一句话：“公司三年来的业绩一直保持着稳步上升的态势，已经为快速发展打下了坚实的基础”。由此可见，这两条信息都不约而同地指向了该公司被检查年度的业务收入应该是上升的这一重要信息，这更加说明该公司极有可能存在隐瞒业务收入的问题。至此，小张把检查的重点目标锁定为与业务收入密切相关的银行存款收入款项的检查。

（二）寻找突破口

小张首先将该公司三个银行存款账户账面余额与银行对账单余额逐一进行核对，发现很少有未达账项的调整，即使有也是很小的金额，且余额调节表已作调整。从账务处理上看，该公司以银行转账形式收到的销售款项均已按规定计入了主营业务收入，账面检查情况似乎应该没有问题。小张再次陷入迷茫，一筹莫展。冷静思考后，小张认识到在此前的检查过程中他完全相信了公司提供的银行存款余额调节表，没有对该公司的银行对账单进行专门的查阅，可能造成了检查漏洞。于是他仔细查看了银行对账单和余额调节表，果然发现其中一张银行对账单上经常出现大额资金一收一付的异常情况。他马上将这些一收一付的情况与账面核算情况进行核对，发现该公司对这些一收一付的资金进出根本没有做任何账务处理。经全面检查后发现，该公司在被检查年度中共有9个月的银行对账单上出现了18笔资金的收付，余额调节表上也未予以反映。于是，小张又对付出资金跟踪追击，发现该公司在收到上述18笔资金后均无一例外地全额转入以公司食堂名义开立的另一银行账户。

（三）柳暗花明

该公司为了降低税负，在对外开具的部分发票中采取了“大头小尾”的方式，仅是给客户的发票联按应收业务收入的金额全额填开，其他联次则填开很小的金额。当客户将这部分资金全额汇到该公司银行账户后，财务便将款项转汇到公司食堂账户，然后再从中取出少量现金予以入账，而其余的大部分资金则主要用于对公司中层以上领导的工资、奖金、福利及其他费用支出。该公司本以为这样瞒天过海式的巧妙处理可以少缴营业税、企业所得税和个人所得税，达到一石多鸟的效果，但最终还是东窗事发。

由于上述行为违反《企业所得税法》《个人所得税法》及《税收征收管理法》等有关税收法规，税务机关对该公司及有关个人分别追缴了所偷营业税、企业所得税及个人所得税，并按规定加收了滞纳金，对所偷税款给予了一定罚款的处理。

第四章

其他货币资金及结算资金的检查

第一节　其他货币资金的检查

一、其他货币资金

其他货币资金是指企业除现金、银行存款以外的其他各种货币资金，即存放地点和用途均与现金和银行存款不同的货币资金。其他货币资金在资产负债表中并入货币资金项目中，包括外埠存款、银行汇票存款、银行本票存款、信用卡存款、信用证存款和在途货币资金等。银行汇票存款是企业为取得银行汇票按照规定存入银行的款项；银行本票存款是企业为取得银行本票按照规定存入银行的款项；信用证存款是企业存入银行作为信用证保证金专户的款项；在途货币资金是企业与其所属中单位或上级的汇解款项。

二、其他货币资金的核算

（一）外埠存款

外埠存款是指企业因零星采购商品而汇往采购地银行采购专户的款项。

企业汇出款项时，须填写汇款委托书；汇入银行对于汇入的采购款项，按汇款单位开设采购专户。采购专户存款只付不收，款项付完后结束账户。企业委托当地开户银行汇款给采购地开立专户时：

借：其他货币资金——外埠存款

　贷：银行存款

收到采购员交来的购货发票，按购货金额和支付的增值税款时：

借：物资采购

　　应交税费——应交增值税（进项税额）

　贷：其他货币资金——外埠存款

采购员完成了采购任务，将多余的外埠存款转回当地银行时，企业应根据银行的收账通知。转销“其他货币资金——外埠存款”科目。

借：银行存款

　贷：其他货币资金——外埠存款

（二）银行汇票存款

企业为取得银行汇票，按照规定存入银行的款项。企业向银行提交“银行汇票委托书”并将款项交存银行，取得银行汇票时，应当根据银行盖章的委托书存根联进行账务处理。

借：其他货币资金——银行汇票存款

　贷：银行存款

企业使用银行汇票后，应根据发票账单及开户行转来的银行汇票第四联等凭证进行账务处理。

借：物资采购

　　应交税费——应交增值税（进项税额）

　贷：其他货币资金——银行汇票存款

银行汇票使用完毕，应转销。

借：银行存款

　贷：其他货币资金——银行汇票存款

如银行汇票因超出付款期限或其他原因未曾使用而退回，则企业收款时：

借：银行存款

贷：其他货币资金——银行汇票存款

(三) 银行本票存款

银行本票存款是指企业为取得银行本票按规定存入银行的款项。企业向银行提交“银行本票申请书”并交款项交存银行，取得银行本票时，应当根据银行盖章退回的申请书存根联进行账务处理。

借：其他货币资金——银行本票存款

贷：银行存款

企业使用银行本票后，应根据发票账单等有关凭证进行账务处理。

借：物资采购

应交税费——应交增值税（进项税额）

贷：其他货币资金——银行本票存款

如企业因本票超过付款期等原因未曾使用而要求银行退款时，应根据银行收回本票时盖章退回的一联进账单编制会计分录：

借：银行存款

贷：其他货币资金——银行本票存款

(四) 信用卡存款

信用卡存款是指企业为取得信用卡而存入银行信用卡专户的款项。企业申领信用卡时，按规定填制申请表，并按银行要求交存备用金。银行开立信用卡存款账户，发给信用卡。企业根据银行盖章退回的交存备用金的进账单，编制会计分录：

借：其他货币资金——信用卡存款

贷：银行存款

企业在收到开户银行转来的信用卡存款的付款凭证及所附发票账单，经核对无误后。应进行账务处理。

借：管理费用（相关费用科目）

　　贷：其他货币资金——信用卡存款

（五）信用证存款

信用证存款是指采用信用证结算方式的企业为开具信用证而存入银行信用证保证金专户的款项。

企业向银行申请开具信用证，用于支付境外供货单位的购货款项。根据开户银行盖章退回的“信用证委托书”回单，编制会计分录：

借：其他货币资金——信用证存款

　　贷：银行存款

企业在收到境外供货单位信用证结算凭证及所附发票账单，并经核对无误后进行账务处理。

借：物资采购

　　应交税费——应交增值税（进项税额）

　　贷：其他货币资金——信用证存款

企业收到未用完的信用证存款余额时。

借：银行存款

　　贷：其他货币资金——使用证存款

（六）在途货币资金

在途货币资金指企业同所属单位之间和上下级之间的汇、结款项业务中，到月终时尚未到达的汇入款项。

企业根据所属单位汇出款项的通知编制会计分录：

借：其他货币资金——在途资金

　　贷：其他应收款（或有关科目）

收到汇款时，根据银行通知编制会计分录：

借：银行存款

　　贷：其他货币资金——在途资金

三、对外埠存款的检查

采购专户存款，除采购员的差旅费可以支取现金外，采购物资的款项一律通过银行的采购专户转账结算。

对外埠存款的重点：

（1）有无直接支取现金采购物资的情况。

（2）有无代其他单位或个人通过采购专户办理结算。

（3）采购业务结束后，是否将采购专户结算，金额是否划回，有无长期占用或转移资金的行为。

四、对银行汇票存款的检查

对银行汇票检查的重点：

（1）银行汇票划拨的资金，是否为本单位生产经营业务所需要。

（2）数额是否相符。

（3）是否坚持按规定使用和签发，手续是否合理。

五、对银行本票存款的检查

对银行本票检查的重点：

（1）签发银行本票，是否业务需要，有无其他的不法行为。

（2）数额是否相符，有无过大的情况。

（3）是否符合规定的手续和符合规章制度。

（4）银行本票是见票即付，不挂失。

六、对在途货币资金的检查

在途货币资金检查的重点：

（1）在途货币资金是否真实，有无其他的因素等。

（2）月份内在途资金是否全部入账。

（3）以前的在途资金是否已全部入账，如若长期挂账，应查明未达的原因；有无利用在途资金搞违法活动。

第二节　结算资金的检查

结算资金主要包括：短期投资、应收票据、应收账款、坏账准备金等。

一、短期投资的检查

短期投资是指能够随时变现，持有时期不超过 1 年的有价证券，以及不超过 1 年的其他投资，如股票投资、债券投资（包括国库券、国家重点建设债券、金融债券、企业债券等）。

短期投资均以取得时的成本计价，包括有从证券的买价、佣金及税费。如果为取得短期投资支付的价款中包括利息或股利，应从中扣除，不作为短期投资的成本，扣除部分既可以借记收益账户，也可以借记资产账户（其他应收款或应收利息、应收股利）。

对短期投资检查的重点：

（1）检查短期投资的真实性、合法性，有无以短期投资为名，将资金挪作他用。

（2）检查企业出售、转让等短期投资所获得的收入或者损失是否转入投资收益账户。

（3）检查企业短期投资损失的原因。

二、对应收票据的检查

（一）应收票据在我国目前仅指在经营活动中采用商业汇票结算方式所形成的一种债权

商业汇票是收款人或付款人签发，也可以由承兑人申请签发，由承兑人承兑，并于到期日向收款人或背书人支付确定数额款项的票据。

它适于企业单位先发货后收款，或双方约定延期付款的商品交易。承兑期限最长不得超过 6 个月，到期承兑人必须无条件付款。

商业汇票按承兑人的不同，分为商业承兑汇票和银行承兑汇票两种。

商业承兑汇票是由收款人签发，付款人承兑，或由付款人签发并自己承兑的票据。

银行承兑汇票是由收款人或承兑申请人签发，并由承兑申请人向开户银行申请，经银行检查同意承兑的票据。

（二）检查应收票据的重点

（1）检查应收票据的来源是否合法，收款人和付款人是否均在银行开户，是否是合法的商品交易，是否订有购销合同。

（2）应收票据到期，是否及时办理收款业务，数额是否相等，手续是否齐全，有无退票，原因是什么。

（3）检查有无办理贴现的应收票据，手续是否齐全，贴息计算是否准确，实际的贴现金额是否入账。

（4）检查应收票据是否有背书转让的情况，是否符合背书转让的规定等。

（三）案例分析

案例：不明信用状况、偿债能力，票据无法收回

1. 发现疑点

某企业在没有充分了解 A 公司的信用状况和偿债能力的情况下，采用商业汇票的形式进行商品交易，致使 60 万元的商业承兑汇票款到期无法收回。后经双方协商，A 公司偿还了 50 万元，企业将此款挪作他用，而将应收票据作为坏账转销。

2. 跟踪调查

查账人员在审阅企业“应收票据”明细账时，发现该单位将核准面值为 60 万元的不能兑现的应收票据，转入“坏账准备”下，而没有按规定先转入“应收账款”账户下，且会计人员声称票据遗失，查账人员由此怀疑可能有问题，决定进一步检查。

查账人员审阅了“应收票据”明细账及有关记账凭证。记账凭证的内容是：

借：坏账准备　　600 000

　贷：应收票据——A 公司　　600 000

记账凭证后的原始凭证，只是一张调账说明，没有上级部门的审批意见。经调查询问经办人员，证实该商业承兑汇票到期时，确因 A 公司无款支付而未能收回货款。通过函证 A 公司，得知已支付了 50 万元，双方已经和解。查账人员通过进一步调查了解、取证，查清企业将 50 万元货款挪作他用的事实。

3. 问题

可见该单位存在的问题是：首先，企业未能充分了解 A 公司的信用状况和偿债能力，而使 60 万元的货款到期未能收回。其次，企业未将收回的部分货款及时入账，而挪作他用，更是违反财务规定。

4. 调账

该企业首先应将核销的应收票据原数冲回，然后再作如下调整：

借：应收账款——A 公司　　600 000

　贷：应收票据——A 公司　　600 000

将挪作他用的货款收回入账：

借：银行存款　　500 000

　贷：应收账款——A 公司　　500 000

如余款 10 万元确实无法收回，根据有关部门批准后作为坏账处理：

借：坏账准备　　100 000

　贷：应收账款——A 公司　　100 000

三、对应收账款的检查

（一）应收账款舞弊的表现及其目的

应收账款是指企业由于销售所形成的应收款项。

1. 设置账户时的舞弊表现

一是有的企业不按规定设置应收账款明细分类账，而是将各种债权统统记入应收账款账户，以模糊债务人的手法，造成债权不明晰；二是有的企业把往来款项全部记入应收账款科目，用以掩盖不正常的经营活动。

2. 会计核算时的舞弊表现

一是混淆应收账款的核算内容和使用范围，从而影响核算内容的正确性；二是有的企业将不属于应收账款的经济业务列作应收账款；三是有的企业虚构应收账款业务，虚增收入和利润，粉饰经营业绩；四是有的企业发生应收账款业务，却不进行会计核算，虚减收入和利润，偷漏税金；五是有的企业销售已取得货款，却继续作应收账款挂账，将货款予以挪用或作“小金库”存放；六是有的企业移花接木将长短期投资收益纳入应收账款核算，借以偷漏税金。

3. 到期收回时的舞弊表现

按企业会计制度规定“应收账款”应在1年内收回，但在实际工作中，有的应收账款到期后，因为多种因素，如债务人无力按时支付、经办人收取对方好处费故意到期不回收等，使应收账款长期挂账；还有的故意将已收回的“应收账款”不按规定及时结转，长期挂账，以达到挪用的目的。

4. 选择核算方法时的舞弊表现

企业会计制度规定，在现金折扣的情况下，应收账款的入账金额应采用总价法，即应收账款按未抵减销货折扣前的总额作为入账金额。在实际工作中，有的企业往往采取净额法入账，以减少应纳税额。

5. 上下年度办理结转时的舞弊表现

有的企业在年终结账时，将某账户或几个账户的余额分解或合并到下年度新账的几个或一个账户中去，不进行账务处理就可以达到某种舞弊目的。如将有关费用直接记入“应收账款”科目，在年底结转新账时，则将此款项余额合并到“在建工程”科目或“待摊费用”科目，这样就把费用转嫁为基建成本或“待摊费用”挂账。

6. 处理坏账损失时的舞弊表现

一是核销坏账损失时不履行手续，没有经过批准就擅自核销；二是随意变更坏账损失处理方法，将直接转销法和备抵法混用；三是在备抵法下，人为扩大计提范围和计提比例，达到多提坏账准备、多列信用减值损失、偷逃所得税的目的；四是在年末或定期调整坏账准备金额时，不考虑坏账准备的实有余额；五是不按坏账确认的标准确认坏账发生，将预计可收回的应收账款作为坏账处理，将本该确认为坏账的应收账款长期挂账，造成资产不实；六是收回已转销的坏账时，不增加“坏账准备”，而是作为“营业外收入”或“应付账款”或不入账，以达到作为内部“小金库”处理或贪污私分的目的。

从以上各类舞弊表现可以看出，应收账款舞弊行为主要有两个方面。企业方面，一是通过应收账款造假提供虚假会计信息，用以美化企业形象，达到谋求企业或者相关集团利益的目的；二是设置“小金库”达到贪污私分的目的；三是达到偷漏税金的目的。个人方面主要是达到谋求私利、贪污或挪用企业资金的目的。

（二）应收账款舞弊行为的检查

1. 应收账款数据正确性的检查

一是将“应收账款明细表”的有关金额复核加计，并与其报表数、总账数和明细账合计数进行核对，看其是否相符；二是检查部分应收账款明细账，复核发生额及余额计算是否正确；三是检查“应收账款”部分明细账与其对应的会计凭证相核对账户余额是否正确；四是检查应收账款的截止日期是否正确。

2. 应收账款内容真实性的检查

一是函证应收账款，确定其真实性；二是检查其销售合同、销售订单、销售发票副本和发运凭证等，确定其存在的真实性；三是盘点“库存商品”，检查应收账款是否是由于销售商品而形成的，以确定其真实性；四是检查年度结算后是否有大量退货的现象，以确定其真实性。

3. 应收账款业务合法性的检查

一是检查产品销售合同确定是否有虚增应收账款账户，调节利润，夸大经营成果的现象；二是检查是否有利用“应收账款”科目转移资金，调平账款的现象；三是检查是否有将已收到的应收账款不入账或推迟入账时间，以达到挪用或据为己有目的的现象；四是检查坏账是否经过合法的程序和可靠的依据。

4. 应收账款合理性的检查

一是检查应收账款的期末余额是否正常；二是检查应收账款的增减变动情况及原因；三是检查坏账准备的计提和处理情况；四是检查时间较长的应收账款的原因；五是检查商品赊销、销货折扣和折让、坏账损失等是否经过审批手续。

5. 应收账款账务处理合规性的检查

首先对企业发生的应收账款，是否按应收金额，借记本科目；是否按确认的营业收入，贷记“主营业务收入”等科目；收回应收账款时，是否借记“银行存款”等科目，贷记本科目；涉及增值税销项税额的，是否进行相应的处理。其次检查代购货单位垫付的包装费、运杂费，是否借记本科目，贷记“银行存款”等科目；收回代垫费用时，是否借记“银行存款”科目，贷记本科目。再次检查企业与债务人进行债务重组时，是否分别按债务重组的不同方式进行分别处理。

6. 应收账款会计报表列示恰当性的检查

一是检查应收账款的“年初数”是否是上年的“期末数”；二是检查“应收账款”是否根据科目所属和明细科目的期末借方余额合计，减去“坏账准备”科目中有关应收账款计提的坏账准备期末余额后的金额填列；三是检查应收账款科目所属明细科目期末有贷方余额是否在“预收账款”项目类填列；四是检查对象如果是上市公司，其会计报表附注是否披露期初、期末的账龄分析，是否披露期末欠款金额的单位账款，是否披露持有 5% 以上（含 5%）股份的股东单位账款。

7. 函询查证法

函询查证法（也称函证法）就是通过函电方式向有关单位和个人进行联系查对，以从外部取得应收账款真实正确性的有力证据。如果企业的应收款数目较多，可以用随机抽样的方法确定应予发函查证的客户或选择有可能出现舞弊行为的客户发函查证。

（三）案例分析

案例：贪污货款

1. 发现疑点

查账人员在检查某成品油厂 2005 年“销售收入明细账”时，发现 1 月份销售收入达 2 124.5 万元，但“银行存款日记账”总额仅有 220 万元。经询问财务人员，才知货款尚未收回，已作为坏账转销。据查账人员掌握的情况，该厂于 2004 年 11 月份才开始投产成品油，现已卖给某郊县一个牧场。该厂已有 1 年多未发工资，查账人员怀疑其货款已被贪污。

2. 跟踪调查

根据上述疑点，查账人员进行了以下追踪查证工作：

首先采用函证法、询问法。查账人员发现有坏账处理，就向对方发函，对方回信说货款已于 1 月初由成品油厂厂长刘某提走 1 144.5 万元，其余 980 万元货款于 2 月底再由刘某提走，并寄来了刘某收款收据的影印件。经询问刘某，刘某承认货款已收，但已存银行，未及时报账。

查账人员马上与检察院反贪局取得联系，查清了刘某贪污的货款 2 124.5 万元，已被刘某私自挪用于生意投机和个人消费。

3. 问题

可见该单位存在的问题是：刘某利用职权，对已收回的货款作为坏账转销，然后又向对方要回部分货款，将其据为己有。

4. 调账

因此该单位应当收回全部货款，作以下会计分录：

(1) 借：应收账款　　21 245 000
　　贷：坏账准备　　21 245 000
(2) 借：银行存款　　21 245 000
　　贷：应收账款　　21 245 000

四、对坏账准备金的检查

（一）坏账损失

坏账损失是指因债务人破产或者死亡，以其破产财产或者遗产清偿后，仍不能收回的应收账款，或因债务人逾期未履行偿债义务超过 3 年仍不能收回的应收账款。企业可以按照规定在年度终了，按照年末应收账款款额的3%~5%计提坏账准备。

（二）坏账准备金检查的重点

（1）检查企业是否按照年末应收账款的一定比例提取坏账准备金，有无随意多提、少提或不提；

（2）检查企业确认的坏账损失是否符合标准，有无随意作坏账损失而减少应收账款的情况，或者作坏账损失核销，将货款私分的情况；

（3）检查企业已经确认的并已转为核销的坏账损失，收回后是否相应加在坏账准备金里，有无贪污坏账损失回收款的情况。

（三）案例分析

案例：故意少提坏账准备

1. 发现疑点

查账人员发现，某企业在2005年12月份初步判断认为到年底完成上级下达的利润指标有一定的困难，这样将影响企业及职工的利益。为此，该企业采取少提坏账准备等方法虚减当年费用、成本，来达到调节当期利润的目的。

2. 跟踪调查

查账人员在对该企业进行检查时，通过查阅企业的会计账簿和询问有关的会计人员，确定被审单位采用备抵法来核销坏账，且坏账准备计提比例为5%。在审核其资产负债表时，查账人员发现该企业“应收账款”余额为1 657 892元，但“坏账准备”贷方余额为62 894.6元，由此怀疑其可能存在少计费用问题，故决定作进一步查证。

通过审阅该企业“应收账款”和“坏账准备”的账户余额，查账人员发现，该企业12月末“应收账款”账户余额为1 657 892元，应计提坏账准备82 894.6元，“坏账准备”账户11月末贷方余额为62 894.6元，故12月份应计提2万元坏账准备。检查其“坏账准备”明细账及有关会计资料，查账人员没有发现12月份计提坏账准备。

该企业为了完成上级主管部门下达的利润指标，故意少提坏账准备，从而使当期利润虚增2万元。查账人员取得有关证据并向企业会计人员和企业领导提出该问题后，有关人员承认是故意所为。

3. 调账

如果这个问题在企业年终结账前被查证发现，则该单位应作如下调账处理：

借：资产减值损失　　20 000

　贷：坏账准备　　20 000

如果上述问题在次年被查证发现，假定该企业所得税率为33%，盈余公积提取率为净利润的10%，应付利润为净利润的50%，则该企业应编制如下会计分录：

借：利润分配——未分配利润　　13 400

　　应交税费——应交所得税　　6 600

　贷：坏账准备　　20 000

借：应付利润　　6 700

　　盈余公积　　1 340

　贷：利润分配——未分配利润　　8 040

所得税的退税应在次年清算。同时，应将对该企业完成任务的各种奖励收回，并按没完成任务加重处罚该企业领导。

五、其他应收款的检查

（一）其他应收款

其他应收款是指除应收票据、应收账款、预收款以外的各种应收款、暂付款。

（二）检查重点

（1）检查其他应收款的真实性，有无虚列账户，白条记账的情况；

（2）检查其他应收款是否与企业生产收支业务有关，有无利用应收和暂付的名义为其他单位和个人非法办理结算；

（3）检查企业应收的其他款项，有无长期挂账或被贪污、挪用的情况。

第五章
存货、固定资产的检查

第一节　存货取得业务常见错弊与检查方法

一、存货概述

（一）存货的概念

存货是指企业在日常生产经营过程中持有以备出售，或者仍然处在生产过程，或者在生产或提供劳务过程中将消耗的材料或物料等，包括库存的、加工中的、在途的各类材料、商品、在成品、半成品、产成品、包装物、低值易耗品等。在不同行业的企业中，存货的范围有所不同。在商品流通企业中，存货主要包括各种商品；在工业企业中，则包括各种原材料、包装物、低值易耗品、在产品、自制半成品和产成品等。确定是否属于企业的存货，通常是以是否拥有所有权作为判断标准，凡所有权已属于企业，不论企业是否已收到或持有，均应作为本企业的存货；反之，若无所有权，即使存放于企业，也不应作为本企业的存货。

（二）存货的初始成本的确定

企业会计制度规定，存货在取得时，按照实际成本入账。存货实际成本的计量因其来源不同而有所不同，具体按以下原则确定：

1. 购入的存货

其实际成本包括下列各项：（1）买价。指进货发票所注明的货款金额。（2）运输费、装卸费、保险费、包装费、仓储费等费用。（3）运输途中的合理损耗。有些物资，在运输途中会发生一定的短缺和损耗，除合理的途耗应当计入物资的采购成本外，能确定由过失人负责的，应向责任单位或过失人索取赔偿，不计入进货成本。至于因自然灾害而发生的意外损失，减去保险赔偿款和可以收回的残值作价后的净损失，应作为营业外支出处理，不得计入进货成本。属于无法收回的其他损失，计入管理费用，不得计入进货成本。（4）入库前的挑选整理费用。指购入的物资需要经过挑选整理才能使用，因而在挑选整理过程中发生的工资、费用支出，以及挑选整理过程中所发生的数量损耗（扣除可回收的下脚废料等）的价值。（5）按规定应计入成本的税金。如进口物资按规定支付的进口关税。（6）其他费用。如大宗物资的市内运杂费。但市内零星的运杂费、采购人员的差旅费和采购机构的经费，以及企业供应部门和仓库的经费等，一般都不包括在存货的实际成本中。

2. 自制的存货

有自制原材料、包装物、低值易耗品、在产品、半成品、产成品等。它们的实际成本包括制造过程中所耗用的原材料、工资和有关费用等实际支出。

3. 委托外单位加工完成的存货

有加工后的原材料，包括物、低值易耗品、半成品、产成品等。它们的实际成本，应包括实际耗用的原材料或者半成品和加工费、运输费、装卸费和保险费等费用，以及按规定应计入成本的税金，作为实际成本。

4. 投资者投入的存货

按照投资各方确认的价值作为实际成本。

5. 接受捐赠的存货

按以下规定确定其实际成本：（1）捐赠方提供了有关凭据（如发票、报关单、有关协议）的，按凭据上标明的金额加上应支付的相关税费，作为实际成本。（2）捐赠方没有提供有关凭据的，按如下顺序确定其实际成本：①同类或类似存货存在活跃市场的，按同类或类似存货的市场价格估计的金额，加上应支付的相关税费，作为实际成本；②同类或类似存货不存在活跃市场的，按该接受捐赠的存货的预计未来现金流量现值，作为实际成本。

6. 企业接受的债务人以非现金资产抵偿债务方式取得的存货

按照应收债权的账面价值减去可抵扣的增值税进项税额后的差额，加上应支付的相关税费，作为实际成本。如涉及补价的，按以下规定确定受让存货的实际成本：（1）收到补价的，按应收债权的账面价值减去可抵扣的增值税进项税额和补价，加上应支付的相关税费作为实际成本；（2）支付补价的，按应收债权的账面价值减去可抵扣的增值税进项税额，加上支付的补价和应支付的相关税费，作为实际成本。

7. 以非货币性交易换入的存货

按换出资产的账面价值加上应支付的相关税费作为实际成本。如涉及补价的，按以下规定确定换入存货的实际成本：（1）收到补价的，按换出资产的账面价值加上应确认的收益和应支付的相关税费减去补价后的余额，作为实际成本；（2）支付补价的，按换出资产的账面价值加上应支付的相关税费和补价，作为实际成本。

二、存货领用、发出的确定

企业对于各项存货的日常收、发，必须根据有关收、发凭证，在既有数量、又有金额的明细账内，逐项逐笔进行登记。企业进行存货的日常核算有两种方法：一种是采用实际成本进行核算，一种是采用计划成本进行核算。

（一）实际成本法

采用实际成本进行核算的，一般适用于规模较小、存货品种简单、采购业务不多的企业（主要指未采用电子计算机处理日常核算业务的企业）。由于各种存货是分次购入或分批生产形成的，所以同一项目的存货，其单价或单位成本往往不同。要核算领用、发出存货的价值，就要选择一定的计量方法，只有正确地计算领用、发出存货的价值，才能真实地反映企业生产成本和销售成本，进而正确地确定企业的净利润。企业会计制度规定，企业领用或发出存货，按照实际成本核算的，可以根据实际情况选择采用先进先出法、加权平均法、移动平均法、个别计价法或后进先出法等方法确定其实际成本。这五种方法都有自身的特点，企业应根据具体情况选用。商品流通企业的商品存货的日常核算，对批发商品来说，一般应采用进价计算。各批进价不同时，售出或发出的商品进价，也可以在先进先出法、加权平均法、移动平均法、个别计价法或后进先出法等方法中选用一种进行核算。

（二）计划成本法

采用计划成本核算方法的，一般适用于存货品种繁多、收发频繁的企业。如大中型企业中的各种原材料、低值易耗品等。自制半成品、产成品品种繁多的，或者在管理上需要分别核算其计划成本和成本差异的，也可采用计划成本核算的方法。采用计划成本进行日常核算的企业，其基本方法简介如下：

（1）企业应先制定各种原材料的计划成本目录，规定原材料的分类、各种原材料的名称、规格、编号、计量单位和计划单位成本。计划单位成本在年度内一般不作调整。

（2）平时收到原材料时，应按计划单位成本计算出收入。原材料的计划成本填入收料单内，并将实际成本与计划成本的差额，作为“材料成本差异”分类登记。平时领用、发出的原材料，都按计划成本计算，月份终了再将本月发出原材料应负担的成本差异进行分摊，随同本月发出原材料的计划成本记入有关账户，将发出原材料的计划成本调整为实际成本。发出材料应负担的成本差异，必须按月分摊，不得在季末或年末一次计算。发出材料应负担的成本差异，除委托外部加工发出材料可按上月的差异率计算外，都应使用当月的实际差异率；如果上月的成本差异率与本月成本差异率相差不大的，也可按上月的成本差异率计算。计算方法一经确定，不得任意变动。

材料成本差异率的计算公式如下：本月材料成本差异率=（月初结存材料的成本差异+本月收入材料的成本差异）÷（月初结存材料的计划成本+本月收入材料的计划成本）×100%

上月材料成本差异率=月初结存材料的成本差异÷月初结存材料的计划成本×100%

对存货日常核算采用何种方法，由企业根据实际情况自行确定，但要遵守前后一致的原则。在采用实际成本进行核算时，对于发出存货的实际成本的计算方法，以及在采用计划成本进行核算时，对于成本差异的分摊方法，一经确定之后一般不应变更。

三、存货取得业务常见错弊形式

在实际工作中存在着对存货计价的内容不正确，计价方法不正确，故意多计或少计存货的价值等问题。常见的错弊如下：

（1）将应计入外购材料成本中的有关进货费用计入当期损益。在实际工作中，有些企业将各种进货费用直接以“管理费用”列支，从而造成成本不实，影响本期及以后各期经营成果的准确性。

（2）将应计入当期费用的有关进货费用计入商品采购成本，或将应计入进口商品成本的国外运费、保险费计入当期费用。

（3）外购材料或商品在购进环节发生购货折扣和折让时，一般应按总价法记账。有些企业对购货折扣的处理不正确或前后各期不一致，影响商品购进成本的真实性和可比性。

（4）在存货购进过程中对增值税的处理不正确。在实际工作中，有些企业对增值税的处理不够规范，如将增值税计入存货成本，造成成本虚增的情况。

（5）外购材料的入库价格不正确，使前后各期缺乏可比性。

（6）任意虚列自制存货和委托加工存货的成本。有些企业往往采用虚列成本的方式，以达到少交税的目的。还有些当事人有意夸大加工费用，虚增加工商品的成本，取得现金回扣，私分公款。

（7）接受捐赠的存货不入账。

（8）对存货购进过程中发生的溢缺、毁损，会计处理不正确、不合理。

（9）对包装物、低值易耗品等存货的购进核算不够严密，形成账外财产。

（10）存货有关账户设置不科学、不合理。如对明细账反映得不够全面、详细，或未设相应的备查账簿进行登记，会削弱对存货的实物管理和控制，造成存货的大量丢失、被盗、毁损等。

四、存货取得会计错弊的查账技巧

针对存货取得业务中的常见会计错弊，有如下查证方法：

（1）存货购进过程中进货费用的会计处理是否正确，可通过“银行存款日记账”、“管理费用”明细账摘要记录、对应账户的内容进行查证，必要时可调阅有关记账凭证和原始凭证。

（2）对购货折扣的处理是否正确、合理，可以通过“银行存款日记账”摘要记录及对应账户进行查证。

（3）对增值税的处理是否正确、合理，可以通过“应交税费——应交增值税”明细账及相关的会计凭证进行查证，特别应重点审核增值税专用发票或普通发票，了解账证及证证是否相符。

（4）对于任意虚列自制存货和委托加工存货的成本，在单纯审问、核对会计资料时是较难发现问题的线索或疑点的。对于自制存货，可以通过实地观察、盘点进行查证。对于委托加工存货，可通过抽查委托加工材料发出及收回的合同、凭证，核对其计费、计价是否正确，会计处理是否及时、正确，有无长期未收回的委托加工材料，必要时可对委托加工材料是否实际存在进行函证。

(5) 对于接受捐赠或购进溢余不入账，此类问题发生后具有很大的隐蔽性，在单纯审阅、核对会计资料时是较难发现问题的，必须通过调查询问，从账外寻找问题的突破口。

(6) 对包装物、低值易耗品核算中形成的账外财产，可以通过审阅“管理费用”明细账及“银行存款日记账”摘要内容发现线索，发现线索后再进一步查阅有关会计凭证，如果存在这类问题，往往会出现账证、证证不符。

(7) 对于存货有关账户设置是否科学、合理，查账人员首先应通过审阅被查单位的会计资料，了解其对存货账户的设置情况，然后调查分析被查单位对存货会计核算和管理的具体要求，了解被查单位的实物管理情况、账实核对情况，在此基础上确定被查单位存货账户的设置是否科学合理，能否满足企业的实际需要等。

第二节　存货发出业务常见错弊与检查方法

一、存货发出时选用的计价方法不合理、不适当

(1) 一些材料种类不多，材料管理制度不够健全的小型工业企业选用计划成本对材料进行日常核算，造成材料计划成本的制定缺乏依据和稳定性；而一些材料品种较多的大型工业企业却采用实际成本进行材料的核算，从而增加了核算的工作量，不能适应材料管理和核算的需要。

(2) 采用实际成本核算材料或商品产成品的商业企业，不能根据材料、商品的变动状况、物价走势、管理要求确定合理的存货发出计价方法。

（3）对低值易耗品、包装物等其他存货的领用采用不适当的摊销方法。

二、随意变更存货的计价方法

对存货日常核算采用何种方法，由企业根据实际情况自行确定，但要遵守前后一致的原则。在采用实际成本进行核算时，对于发出存货的实际成本的计算方法，以及在采用计划成本进行核算时，对于成本差异的分摊方法，一经确定之后一般不应变更。

三、人为地多计或少计存货发出的成本

（1）材料按计划成本核算的工业企业，有意确定较高的计划成本，使计划成本远远高于实际成本。

（2）采用售价金额核算的零售企业，平时按售价结转商品销售成本和库存商品，但月末计算商品进销差价率时，故意通过减少“商品差价”数额、增加“库存商品”余额的方式，使当前进销差价率低于正常水平。这样，已销商品分摊的进销差价较少，从而达到多计当期成本，少计利润、少纳税金的目的，或作相反处理，达到虚报收入目的。

（3）对产成品、商品采用实际成本计价的商业企业，计算产成品及商品成本时，不按照规定的程序和方法正确地应用计价方法，而是故意多转或少转销售成本。

（4）有些企业月末通过虚转成本的方法达到隐匿利润的目的。

四、故意不结转进项税金，少交增值税

存货改变用途或发生非常损失时，在注销相应存货的同时，有意不结转相应的进项税额，以达到多抵扣、少交增值税的目的。

五、私分存货，存入“小金库”

以报销样品、材料、商品或产成品损失的方式将发出存货私分或出售后存入“小金库”，造成国家财产流失，增加当期费用。

六、实例分析

案例：查处虚假委托加工

（一）大胆怀疑

甲公司共有9名职工，主要经销一种化工合成的A产品，有5间总面积不到130平方米的办公室，没有仓库。被检查年度甲公司的商品销售额达到7.6亿元。其中大部分为出口销售额，出口产品实行免抵退的税收政策，甲公司销售的产品均是委托外地一家生产型企业乙公司加工（甲公司是乙公司的全资控股子公司）。

从账面情况来看，甲公司的会计核算简单、清晰，但业务发生额很大，主要核算内容是从国内丙公司购进B原材料，再委托乙公司加工生产成A产品并支付加工费，产品完工后甲公司并没有收回A产品，而是将完工的A产品从乙公司直接发往海关，用于出口或销售给国外和国内企业。甲公司账面上直接做加工收回和销售的会计处理，加工收回和销售的数量一一对应。从账面各主要科目核算的情况看，“原材料”账户核算比较正常，既有原材料的购进成本，也有购进原材料发生的运杂费；而“委托加工物资”账户的发生额，仅是甲公司发给乙公司加工的B原材料成本和支付的加工费以及收回完工A产品的成本，没有记载发送B原材料去加工及收回A产品的运杂费，销售费用账户也没有运杂费计入。那么，除购进B原材料发生运杂费以外，A公司究竟有没有发生运杂费呢？

（二）周密查证

经请乙公司所在地税务机关协查，原来，甲公司为加工和销售 A 产品而发生的所有运杂费都计入了乙公司。但是，从乙公司受托加工过程看，乙公司一是没有垫付资金，二是由甲公司提供了委托加工的原材料，三是乙公司收取了加工费。对照目前税法对委托加工的规定，这种委托加工形式并没有违反目前税法规定的形式要件。但是，甲公司将收到的上一年度缴纳企业所得税的财政返还款 1976 万元挂在“其他应付款——财政拨款”明细账户贷方，检查人员在核实情况后，将该余额并入计税所得额补缴了企业所得税，并予以了乙公司必要的处罚。

（三）慎重处理

原来，乙公司为了逃避其所在地的高税负并享受甲公司所在地的税收返还，特意投资设立了甲公司，并通过受托加工的形式将大部分业务收入转移到甲公司，乙公司仅体现少量的加工费收入，并倒贴了大额运费，从而使得收入和利润都发生了转移，以逃避乙公司所在地的各项税、费和基金，并获取甲公司所在地的投资优惠或税收返还。因此，对委托加工问题的判断，不管其表现出来的形式如何，必须遵循实质重于形式的原则。

第三节　固定资产业务的错弊与查账方法

一、固定资产概述

（一）固定资产概念

固定资产是指企业使用期限超过 1 年的房屋、建筑物、机器、机械、运输工具以及其他与生产、经营有关的设备、器具、工具等。不属于生产经营主要设备的物品，单位价值在 2 000 元以上，并且使用年限超过 2 年的，也应当作为固定资产。固定资产是企业的劳动手段，也是企业赖以生产经营的主要资产。从会计的角度划分，固定资产一般被分为生产用固定资产、非生产用固定资产、租出固定资产、未使用固定资产、不需用固定资产、融资租赁固定资产、接受捐赠固定资产等。

（二）固定资产原始价值的确定

固定资产的成本，是指企业购建某项固定资产达到预定可使用状态前发生的一切合理、必要的支出。这些支出包括直接发生的价款、运杂费、包装费和安装成本等；也包括间接发生的费用，如应承担的借款利息、外币借款折算差额以及应分摊的其他间接费用。

对于特殊行业的特定固定资产，确定其初始入账成本时还应考虑弃置费用。弃置费用通常是指根据国家法律和行政法规、国际公约等规定，企业承担的环境保护和生态恢复等义务所确定的支出，如核电站核设施等的弃置和恢复环境等义务。对于这些特殊行业的特定固定资产，企业应当按照弃置费用的现值计入相关固定资产成本。石油天然气开采企业应当按照油气资产的弃置费用现值计入相关油气资产成本。在固定资产或油气资产的使用寿命内，按照预计负债的摊余成本和实际利率计算确定的利息费用，应当在发生时计入财务费用。一般工商企业的固定资产发生的报废清理费用，不属于弃置费用，应当在发生时作为固定资产处置费用处理。

1. 外购的固定资产

企业外购固定资产的成本，包括购买价款、相关税费、使固定资产达到预定可使用状态前所发生的可归属于该项资产的运输费、装卸费、安装费和专业人员服务费等。外购固定资产分为购入不需要安装的固定资产和购入需要安装的固定资产两类。以一笔款项购入多项没有单独标价的固定资产，应当按照各项固定资产的公允价值比例对总成本进行分配，分别确定各项固定资产的成本。

购买固定资产的价款超过正常信用条件延期支付，实质上具有融资性质的，固定资产的成本以购买价款的现值为基础确定。实际支付的价款与购买价款的现值之间的差额，应当在信用期间内采用实际利率法进行摊销，摊销金额除满足借款费用资本化条件应当计入固定资产成本外，均应当在信用期间内确认为财务费用，计入当期损益。

2. 自行建造的固定资产

自行建造的固定资产，按建造该项资产达到预定可使用状态前所发生的必要支出，作为入账价值。其中“建造该项资产达到预定可使用状态前所发生的必要支出”，包括工程用物资成本、人工成本、缴纳的相关税费、应予资本化的借款费用以及应分摊的间接费用等。企业为在建工程准备的各种物资，应按实际支付的购买价款、增值税税额、运输费、保险费等相关税费，作为实际成本，并按各种专项物资的种类进行明细核算，应计入固定资产成本的借款费用。

（1）企业自行建造固定资产包括自营建造和出包建造两种方式。在建工程准备的各种物资，应当按照实际支付的买价、不能抵扣的增值税税额、运输费、保险费等相关税费，作为实际成本，并按照各种专项物资的种类进行明细核算。工程完工后剩余的工程物资，应按其实际成本或计划成本转作企业的库存材料。存在可抵扣增值税进项税额的，应按减去增值税进项税额后的实际成本或计划成本，转作企业的库存材料。

盘盈、盘亏、报废、毁损的工程物资，减去保险公司、过失人赔偿部分后的差额，工程项目尚未完工的，计入或冲减所建工程项目的成本；工程已经完工的，计入当期营业外收支。

（2）在建工程应当按照实际发生的支出确定其工程成本，并单独核算。

第一，企业的自营工程，应当按照直接材料、直接人工、直接机械施工费等计量；采用出包工程方式的企业，按照应支付的工程价款等计量。设备安装工程，按照所安装设备的价值、工程安装费用、工程试运转等所发生的支出等确定工程成本。

第二，工程达到预定可使用状态前因进行负荷联合试车所发生的净支出，计入工程成本。企业的在建工程项目在达到预定可使用状态前所取得的负荷联合试车过程中形成的、能够对外销售的产品，其发生的成本，计入在建工程成本；销售或转为库存商品时，按其实际销售收入或预计售价冲减工程成本。

第三，在建工程发生单项或单位工程报废或毁损，减去残料价值和过失人或保险公司等赔款后的净损失，工程项目尚未达到预定可使用状态的，计入继续施工的工程成本；工程项目已达到预定可使用状态的，属于筹建期间的，计入管理费用，不属于筹建期间的，计入营业外支出。如为非正常原因造成的报废或毁损，或在建工程项目全部报废或毁损，应将其净损失直接计入当期营业外支出。

第四，所建造的固定资产已达到预定可使用状态，但尚未办理竣工决算的，应当自达到预定可使用状态之日起，根据工程预算、造价或者工程实际成本等，按估计价值转入固定资产，并按有关计提固定资产折旧的规定，计提固定资产折旧，待办理了竣工决算手续后再作调整。

3. 租入的固定资产

融资租赁，是指实质上转移了与资产所有权有关的全部风险和报酬的租赁。其所有权最终可能转移，也可能不转移。在融资租赁方式下，承租人应于租赁开始日将租赁开始日租入固定资产公允价值与最低租赁付款额现值两者中的较低者作为租入固定资产的入账价值，将最低租赁付款额作为长期应付款的入账价值，其差额作为未确认融资费用。

4. 其他方式取得的固定资产

（1）投资者投入固定资产的成本，应当按照投资合同或协议约定的价值确定，但合同或协议约定价值不公允的除外。

（2）通过非货币性资产交换、债务重组等方式取得的固定资产的成本，应当分别按照非货币性资产交换、债务重组的有关规定确定。

（三）固定资产的折旧

固定资产的折旧是指在固定资产的使用寿命内，按确定的方法对应计折旧额进行的系统分摊。

使用寿命是指固定资产预期使用的期限。有些固定资产的使用寿命也可以用该资产所能生产的产品或提供的服务的数量来表示。

应计折旧额是指应计提折旧的固定资产的原价扣除其预计净残值后的余额，如已对固定资产计提减值准备，还应扣除已计提的固定资产减值准备累计金额。

企业至少应当于每年年度终了，对固定资产的使用寿命、预计净残值和折旧方法进行复核。使用寿命预计数与原先估计数有差异的，应当调整固定资产使用寿命。预计净残值预计数与原先估计数有差异的，应当调整预计净残值。与固定资产有关的经济利益预期实现方式有重大改变的，应当改变固定资产折旧方法。固定资产使用寿命、预计净残值和折旧方法的改变应当作为会计估计变更。

在实际工作中，企业一般应按月计提固定资产折旧。企业在实际计提固定资产折旧时，当月增加的固定资产，当月不提折旧，从下月起计提折旧；当月减少的固定资产，当月计提折旧，从下月起不计提折旧。固定资产提足折旧后，不论能否继续使用，均不再计提折旧；提前报废的固定资产，也不再补提折旧。

已达到预定可使用状态但尚未办理竣工决算的固定资产，应当按照估计价值确定其成本，并计提折旧；待办理竣工决算后，再按照实际成本调整原来的暂估价值，但不需要调整原已计提的折旧额。

处于更新改造过程停止使用的固定资产，应将其账面价值转入在建工程，不再计提折旧。更新改造项目达到预定可使用状态转为固定资产后，再按照重新确定的折旧方法和该项固定资产尚可使用寿命计提折旧。因进行大修理而停用的固定资产，应当计提折旧，计提的折旧额应计入相关资产成本或当期损益。

企业应根据固定资产所含经济利益的预期实现方式选择折旧方法。可供选择的折旧方法主要包括平均年限法、双倍余额递减法、年数总和法、工作量法等。折旧方法一经确定，不得随意变更。如需变更，应在会计报表附注中予以说明。

为体现一贯性原则，在1年内固定资产折旧方法不能修改。在各折旧方法中，当已提月份不小于预计使用月份时，将不再进行折旧。本期增加的固定资产当期不计提折旧，当期减少的要计提折旧以符合可比性原则。

采用的几种折旧方法介绍：

1. 平均年限折旧法

平均年限折旧法一：

月折旧率=（1-残值率）÷预计使用月份

月折旧额=月折旧率×原值=（原值-残值）÷预计使用月份

残值=原值×残值率

可以看出，平均年限折旧法一只与三个参数相关：原值、残值（或残值率）、预计使用月份。折旧的多少与“累计折旧”“已计提月份（已计提月份小于预计月份时）”无关。

平均年限折旧法二：

月折旧额=（原值-残值-累计折旧）÷（预计使用月份-已提月份）

月折旧率=月折旧额÷（原值-残值）

=［1-累计折旧÷（原值-残值）］÷（预计使用月份-已提月份）

在平均年限折旧法二中，折旧金额与原值、累计折旧、残值、预计使用月份、已提月份共5个参数相关。

如果累计折旧与已计提月份均为0，则两种折旧方法中的月折旧额是一样的，但是月折旧率不同。

2. 年数总和法

年数总和法是将固定资产的原值减去残值后的净额乘以一个逐年递减的分数计算每年的折旧额。计算公式如下：

年折旧率=（折旧年限-已使用年数）÷［折旧年限×（折旧年限+1）÷2］

月折旧率=年折旧率÷12

月折旧额=（固定资产原值-预计净残值）×月折旧率

3. 双倍余额递减法

双倍余额递减法是在不考虑固定资产残值的情况下，按双倍直线折旧率和固定资产净值来计算折旧的方法。计算公式如下：

年折旧率=2÷折旧年限

月折旧率=年折旧率÷12

月折旧额=固定资产账面净值×月折旧率

采用此法，应当在其固定资产折旧年限到期前 2 年内，将固定资产净值扣除预计净残值后的净额平均摊销。

4. 工作量法

工作量法是根据实际工作量计提折旧额的一种方法，计算公式如下：

每一工作量折旧额 =（固定资产原值-预计净值）÷ 规定的总工作量

某项固定资产月折旧额=该项固定资产当月工作量×每一工作量折旧

二、固定资产业务常见错弊

（1）购入固定资产质次价高，采购人员捞取回扣。

（2）固定资产运杂费，掺入了旅游参观费。

（3）运杂费用记录不当，人为调节安装成本。

（4）接受贿赂，虚计固定资产重估价值。

（5）固定资产出租收入，虚挂往来账。

（6）固定资产变价收入，存入“小金库”。

(7) 清理固定资产净收益，不按营业外收入记账。

(8) 转移工程借款利息，调节当年损益。

(9) 在建工程试运转收入，不冲减在建工程成本。

(10) 融资租赁的财务费用，计入固定资产价值。

(11) 无偿转让旧设备，清理损失列入损益。

(12) 固定资产盈亏，不作账务处理。

(13) 随意改变折旧方法，调节折旧计提数额。

(14) 随意改变折旧率，调节成本利润。

(15) 增加固定资产，不提折旧。

(16) 未使用固定资产（除房屋、建筑物外）不提取折旧。

(17) 停用的固定资产，当月不计提折旧。

(18) 当月不应计提折旧的，当月计提折旧。

(19) 变卖固定资产，仍然提取折旧。

(20) 在建工程提前报决算，早提折旧。

三、固定资产增加业务错弊的查账方法

(一) 检查固定资产增加的合法性、合理性

(1) 对购进的固定资产，应重点检查购进有无计划及其审批手续，购进数量和质量是否符合购进计划的要求，购进固定资产的计价是否正确等方面。查账人员可通过检查有关固定资产的验收记录手续及检验证明，审核有关固定资产购进的原始发票、运杂费支出证明及安装费用支出的凭证等方法来进行。

(2) 对建造的在建工程，应分建造前期、施工、建筑完工交付使用三个时期进行检查。对于建造前期的固定资产，应重点检查其可行性研究及有关手续是否齐备，建造资金是否落实。对于施工阶段的工程，应重点检查其货币资金、材料等各项管理是否严格，工程是否按计划进度进行，有关材料和

费用的核算是否正确。对于建造完工交付使用的固定资产，应重点检查其工程决算编制是否合理，成本核算是否正确，交付使用的财产是否有漏转项目等。

(3) 对以投资形式转入的固定资产，应重点检查其投入资产是否经有关部门批准，是否经过了有关部门或机构的评估，转入手续是否完备，价格是否合理，是否真正为企业所需，质量是否合格，有无以次充好等问题。

(4) 对调入的固定资产，应重点检查调出企业所填制的固定资产调拨单和被检查企业填制的验收单，核对双方所列的数量和项目是否相符；有偿调入的固定资产还应检查其价格是否合理。

(5) 对盘盈的固定资产，应重点检查其是否确为未曾入账或超过账面数量的固定资产，账务处理是否正确。

(二) 实例分析

案例：固定资产增加业务，计价不真实、不合法

1. 发现疑点

2005 年检查组受委托对一驻外宾馆进行经营情况检查。进驻该宾馆前，检查组了解到：该宾馆于 2003 年 4 月为扩大经营规模，在原宾馆主楼后面新建宾馆，并于 2004 年 8 月投产了一幢集餐饮、娱乐和（旅店）客房经营于一体的五层楼房。该宾馆的投资单位 B 公司委派检查组对新投资的宾馆经营情况予以评价，因为该宾馆投产仅 4 个月就亏损了 56 万元。

2. 跟踪调查

查账人员在审阅其新投产宾馆 2004 年编制的资产负债表中发现，“递延资产”的发生数为 0。按常理，自行筹建且建设期近 1 年的工程项目没有发生开办费是很难想象的。如果发生了开办费，按规定应于投产经营的次月起，按不得短于 5 年的期限分期摊入管理费用，未摊销部分应反映在递延资产的期末余额中。

查账人员在对新宾馆2004年8月至12月的营业成本进行分析时，发现8月份和11月份原材料项目的支出分别为60万元和85万元，而9月份和12月份的支出则为40万元和46.7万元。查账人员测算了该宾馆2005年前半年营业成本中原材料项目的月平均支出为43.5万元，所以查账人员2004年对8月份、11月份的非正常情况引起了注意。

查账人员从新宾馆建账核算以来的账册中未发现筹建期间的业务，遂认为新宾馆筹建发生的支出一定在原宾馆财务核算中有反映。查账人员就调阅了原宾馆2003年和2004年的成本费用账册，并询问了有关会计人员，很快在营业成本明细账（按部门设置）中发现了以机关为名开的并于2004年元月设立的明细账页，经抽查部分凭证确认该明细账所反映的内容就是新宾馆的筹建支出。经进一步检查，查账人员确认该驻外宾馆于当年7月份将筹建支出（实为新宾馆开办费）37.4万元结转到“在建工程——新宾馆”中的工程管理费项目，目的是将上级核拨的新宾馆基建投资节余款冲平。

既然8月份、11月份的原材料支出水平不正常，查账人员就对这2个月营业成本的原材料项目进行了详查，并连同“原材料”账户的采购和领用业务重点审阅了原始单据；同时对主要内容进行适当的统计，经检查确认，该单位8月42#凭证将购入的64台电视机等支出所作的会计分录为：

借：营业成本——原材料　　153 000

　贷：应付账款——X X公司　　153 000

经询问，该单位之所以这样处理，是因为该单位未单设“低值易耗品”科目，又一直未太认真执行固定资产的计价标准，将凡是价值低于5 000元的均作为大宗材料一次核销（电视机的单价均在2 000元以上）。另外于11月20#凭证，将购入的音像设备（装备多功能娱乐厅）8.3万元直接在营业成本的原材料项目中核销，11月59#凭证，将应一次支付的全年采暖费用28万元误挂在“营业成本——原材料”中。

3. 分析

该种处理方法中存在的问题和错弊如下：

（1）将应进行“递延资产——开办费”核算的筹建支出计入固定资产中，既虚增了新宾馆的原值，又违反规定将应返还的基建节余款留在本单位，从而构成了“固定资产的增加业务不真实、不合法”这一错弊。

（2）将应作为固定资产核算的电视机当作低值易耗品一次核销，是由于该单位不严格执行行业固定资产的计价标准，属于“固定资产的计价不正确、不合规”的错弊形式。

四、固定资产减少业务错弊的查账技巧

固定资产减少的原因有：由于不能继续使用而报废；作为对外投资；无偿、有偿调出；盘亏、毁损或遭受非常事故等而减少。查账时，应分别分析其减少的原因，确定检查的侧重点和应该采取的方法。

实行新准则后，固定资产盘盈的会计核算发生了变化。旧准则对固定资产的盘盈在批准转销前通常是计入“待处理财产损益——待处理固定资产损益”科目，批准转销后则从该科目转入“营业处收入”科目。按新准则规定，固定资产盘盈应作为前期差错记入“以前年度损益调整”科目。固定资产盘盈不再计入当期损益，而是作为以前期间的会计差错。

企业在盘盈固定资产时，首先应确定盘盈固定资产的原值、累计折旧和固定资产净值。根据确定的固定资产原值借记“固定资产”，贷记“累计折旧”，将两者的差额贷记“以前年度损益调整”；其次再计算应纳的所得税费用，借记“以前年度损益调整”科目，贷记“应交税费——应交所得税”；接着补提盈余公积，借记“以前年度损益调整”科目，贷记“盈余公积”；最后调整利润分配，借记“以前年度损益调整”，贷记“利润分配——未分配利润”。固定资产盘亏造成的损失，应当计入当期损益。

企业在财产清查中盘亏的固定资产，按盘亏固定资产的账面价值借记

“待处理财产损益——待处理固定资产损益”科目，按已计提的累计折旧，借记“累计折旧”科目，按已计提的减值准备，借记“固定资产减值准备”科目，按固定资产原价，贷记“固定资产”科目。

按管理权限报经批准后处理时，按可收回的保险赔偿或过失人赔偿，借记“其他应收款”科目，按应计入营业外支出的金额，借记“营业外支出——盘亏损失”科目，贷记“待处理财产损益”科目。

(1) 对于报废清理固定资产，主要检查报废手续是否齐全，报废原因是否正常，清理报废的出售作价是否合理，以及有关报废清理的核算是否正确等内容。实例分析如下：

查账人员在检查某单位的“现金日记账”时，发现 2007 年 9 月 18 日 138 号现金付款凭证摘要为“付拆除 X X 型机器劳务费”，金额为 1 800 元，但在“现金日记账”和“银行存款日记账”中却没有发现相应的清理收入。查账人员怀疑该单位可能将固定资产的清理收入转入了“小金库”。

根据上述疑点，查账人员进行了以下追踪查证：

查账人员首先调出 138 号现金付款凭证，其原始凭证为一张经领导批准的“支付给王某的 X X 型机器拆除费 1 800 元”的纸条，其会计分录为：

借：管理费用——拆除费　　1 800

　贷：现金　　1 800

查账人员从不正确的会计分录中进一步检查固定资产明细账，发现 9 月 22 日转字 160 号凭证的摘要栏注明“报废 XX 型设备”的内容，调出转字 160 号凭证，该凭证的会计分录为：

借：累计折旧　　200 000

　　营业外支出　　50 000

　贷：固定资产——X X 型设备　　250 000

查账人员通过查阅资料，得知该单位报废 1 台五成新的设备，该设备价值 25 万元。查账人员认为该单位必定有清理收入，决定进一步追踪调查。

查账人员调查该设备的保管员，保管员供认该项设备已运往郊区的某乡镇企业，与该乡镇企业核实，该设备是 9 月 23 日从该单位以 8 万元现金购入的，并有该单位领导王某的纸质收据。

该单位以报废固定资产为名，将出售固定资产的收入存入了“小金库”。在账务处理时，不通过“固定资产清理”账户，以掩人耳目。

（2）对于调出和投出固定资产，主要检查其调出或投出的原因是否合理，手续是否齐全，作价是否合理，会计账务处理是否正确等几项内容。

（3）对于盘亏和毁损固定资产，对盘亏的固定资产要查明盘亏的原因，盘亏是否报经有关部门批准；对毁损的固定资产，要检查其毁损报告、毁损证据，核实毁损的原因，据以确定毁损的合理性，同时要检查毁损残值的处理是否合理、合法。

五、几类典型的固定资产折旧错弊查账业务

（一）针对任意扩大或缩小固定资产计提折旧范围的查账业务

查账人员可将“固定资产折旧计算表”与“固定资产”明细账进行核对，有时，还需要对固定资产实地了解其使用或大修情况来查证问题。同时，查账人员应特别注意被查企业折旧额的变化与固定资产的增减业务，以免疏漏。实例分析如下：

1. 发现疑点

查账人员在对某商业企业 2005 年度原有固定资产与新增减固定资产应计提的折旧额进行验证时发现，该企业全年计提的折旧额小于应计提的金额。查账人员逐月进行核对，发现 2005 年 10 月至 12 月这 3 个月计提的折旧额不足。该企业 2005 年 9 月采用融资租赁方式租入了制冷设备 1 台，此后再无固定资产增减业务发生。因此，查账人员怀疑是该项融资租入的固定资产没有计提折旧，企业将它作为经营租入固定资产处理了。

2. 跟踪调查

查账人员调阅了2005年10月至12月计提折旧的3张转账凭证。通过审阅转账凭证后所附“固定资产折旧计算表”，查账人员发现，问题正如上面所述，所差折旧额正是融资租入的固定资产应计提的折旧额。

查账人员向该企业会计主管人员提出此问题时，主管人员解释说是由于对有关规定了解不够所造成的。后经多方了解，证明是会计主管人员根据领导的授意，故意少计提折旧，减少本期费用，增加利润，以使年度利润额大幅度增加，作为领导晋升提级的资本，同时也可多领奖金。

3. 调账

由于该问题于2006年1月初企业尚未结清2005年度账目时就被发现，所以，只要补提折旧，将其作为2005年度的费用计入本年损益即可（假设3个月的折旧额为1 500元）。

借：管理费用——折旧费　　1 500

　贷：累计折旧　　1 500

如果该问题在结清2005年度的账目之后才被发现，则需作为2003年度的“以前年度损益调整”处理，编制会计分录如下：

借：以前年度损益调整　　1 500

　贷：累计折旧　1 500

（二）针对折旧方法的选用不符合规定的查账业务

主要有两种情况：一是不属于国家允许选用加速折旧方法的企业却采用了加速折旧的方法，或不允许采用加速折旧法的某类固定资产选用了加速折旧的方法计提折旧；二是有些企业适宜采用工作量法，或某类固定资产适宜采用工作量法，却选用了平均年限法。

查账人员可以先通过审阅被查企业的“固定资产折旧计算表”和“固定资产卡片”、“固定资产登记簿”等会计资料，了解并确定其所采用的具体折旧方法，然后再对被查企业的具体情况和固定资产的特点进行分析，以判断出被查企业对各类固定资产所分别采取的折旧方法是否科学、合理、合规。

（三）针对折旧年限确定不合规的查账业务

这主要是指按低于或高于规定年限计提折旧的情况。

查账人员应先审阅“固定资产折旧计算表”、“固定资产卡片”和“固定资产登记簿”及有关会计资料，确定被查企业对某项固定资产所采用的折旧年限，然后将其与财务制度规定的该项固定资产的折旧年限对照分析，检查其是否相符，以发现问题。

（四）针对随意变动折旧方法与折旧年限的查账业务

查账人员可以通过分析累计折旧各月贷方发生额的变化发现线索或疑点，然后再调阅“固定资产折旧计算表”“固定资产卡片”和“固定资产登记簿”等会计资料及有关会计凭证，进行账证、证证核对，以进一步查证问题。

六、固定资产维修业务错弊的查账技巧

与固定资产有关的修理费用等后续支出，不符合固定资产确认条件的，应当根据不同情况分别在发生时计入当期管理费用或销售费用。

（一）针对固定资产修理业务和支出不真实的查账业务

主要表现为假借固定资产修理及其支出之名，进行某些不正当活动。

查账人员应通过审阅“生产成本”“待摊费用”“管理费用”等生产或经营费用的明细账来查找奇异的数字、业务内容等，从而发现问题的线索或疑点。然后调阅有关的会计凭证及其所附原始凭证等有关会计资料，必要时还可以进行调查询问，从而查证问题。

（二）针对固定资产修理费用列支不合理的查账业务

主要是将应列入期间费用的列入了制造费用，或者将应列入制造费用的却列入了期间费用；对修理费用发生不均衡、数额较大的，未采用待摊或预提的办法，而是于支付时一次列入有关费用；对待摊或预提费用的处理不正

确。查账人员应通过审阅“待摊费用”“预提费用”“管理费用”“制造费用”等明细账中有关记录内容来发现问题的线索或疑点，然后调阅对应的会计凭证，进行账账、账证、证证核对来查证问题。

（三）针对固定资产修理费用过高的查账业务

固定资产修理费用开支水平过高，会影响企业经济效益。如有的企业对固定资产修理费用没有支出计划，在支出时也不加控制和监督，致使有些人员乘机营私舞弊，使修理费用金额过大，从而影响了企业的经济效益。

查账人员应通过审阅检查被查单位的有关费用账户及会计凭证等会计资料，确定其在过去一定时期内修理费用的具体金额以及占同期产品或商品销售收入的百分比。然后将其与该企业过去的平均修理费用水平以及同行业修理费用的平均水平进行对比分析，在考虑被查单位具体情况的基础上确定其开支水平是否过高，是否影响了企业的经济效益。

（四）实例分析

案例：虚增修理费，掩盖账外资产

1. 发现疑点

查账人员对某运输公司 2005 年的运输成本进行检查时发现，该年度修理费比上年增长 26 万元（已扣除其他增长因素）。通过审阅修理费项目中金额较大的会计凭证，并进行简单的统计，2005 年共在某汽车修理厂发生修理费用 54 万元，占全年修理费用的 80%。2005 年 12 月 143#凭证分录为：

借：基本生产——外部修理费　90 000

　贷：其他应付款——某修理厂　90 000

修理厂开具的发票日期却为 2006 年 2 月 17 日，且发票内容中的车辆数与价格有点牵强，又未附修保工时等原始单据。查账人员怀疑该发票是虚开的假发票。另外，年末“其他应付款——某修理厂”贷方余额为 17.8 万元，年度借方发生额为 78.2 万元。可以说，要确认该公司修理费用的真实性，核实上述143#凭证是检查的关键，有必要到这个汽车修理厂进行调查。

2. 跟踪调查

在到汽车修理厂进行核查前，查账人员作了充分的准备工作，编制了一个较详细的修理费用（仅与该修理厂间的业务）核查表（主要内容有时间、凭证号、发票编号、车型、数量和价格等）。首先对上述143#凭证进行了核实，发现该汽车修理厂开给运输公司的9万元发票，并未作相应的账务处理，经询问有关会计人员证实，实际并未发生9万元的修理业务，这9万元是为弥补购车款的差额，经领导授意而开给运输公司的。查账人员以此为突破口，以核查表为基础，对两个单位间的往来账户进行了详查，终于真相大白，具体情况为：运输公司经理为增加创收渠道，并逃避税务部门的检查，虚列修理费用20万元（其中修理厂垫付9万元），购买了4台单客（购车的全部手续均由运输公司以自己的名义经办，并单独为这4台车设立了明细卡片），交由汽车修理厂进行经营管理。双方协定，运输公司每天收取400元，期限5年，5年后交由运输公司管理使用；而修理厂为提高营运成本（也即提取折费以增大成本支出）将4台单客以企业融资租入方式进行账务处理。

借：固定资产——客车　　200 000

　贷：长期应付款——运输公司　200 000

3. 问题

一般来说，在实际工作中，会计错弊内容和形式不是单一的，而且有综合性和复杂性的特点。所以，如本案例单从固定资产业务角度进行错弊的认定，对运输公司来说，是隐瞒固定资产购置业务，形成账外资产，属较严重的舞弊行为；对汽车修理厂则属固定资产产权的确定不正确、不合规，即将不属于企业所有的4台单客计入固定资产。所以查账人员在进行具体检查时，要放开眼界，一定不要局限于单一的错弊内容和形式。

第六章

无形资产、递延资产的检查

第一节　无形资产的常见错弊及查证

一 、无形资产概述

（一）概念

无形资产是指企业拥有的或控制的没有实物形态的可辨认非货币性资产。

（二）特征

无形资产不具有实物形态，具有可辨认性，属于非货币性长期资产。

（三）无形资产的构成

无形资产包括：专利权、商标权、土地使用权、非专利技术、著作权、特许权。

（四）无形资产的计价

企业的无形资产应按取得时的实际成本计价。

1. 购入的无形资产

按实际支付的价款作为实际成本。

2. 投资者投入的无形资产

按投资各方确认的价值作为实际成本。

3. 企业接受的债权人以非现金资产抵偿债务方式取得的无形资产，或以应收债权换入的无形资产

按应收债权的账面价值加上应支付的相关税费，作为实际成本。

4. 非货币性交易换入的无形资产

按换出资产的账面价值加上应支付的相关税费，作为实际成本。

5. 无形资产的摊销

无形资产从开始使用之日起，按照国家法律法规、有效的合同的规定期限及有效的使用年限分期摊销。有效的使用年限按照下列原则确定：

（1）法律、合同分别规定有法定有效期限和受益年限的，按照法定有效期与合同规定的受益年限孰短的原则确定。

（2）法律没有规定有效期限，企业合同规定了受益年限的，按照合同规定的受益年限确定。

（3）法律、合同均未规定法定有效期限和受益年限的，按照不少于10年的期限确定。无形资产的摊销期限一经确定，不得随意变动。无形资产应摊入管理费用中。

6. 有关无形资产的会计处理

（1）购入的无形资产，按实际支付的价款，其会计分录为：

借：无形资产

　贷：银行存款等

（2）投资者投入的无形资产，按投资各方确认的价值，其会计分录为：

借：无形资产

　贷：实收资本（或股本）

为首次发行股票而接受投资者投入的无形资产，应按该项无形资产在投资方的账面价值，其会计分录为：

借：无形资产

　贷：实收资本（或股本）

(3) 接受的债务人以非现金资产抵偿债务方式取得的无形资产，或以应收债权换入的无形资产，其会计分录为：

借：无形资产（应收债权的账面价值加上应支付的相关税费）

　　坏账准备（应收债权已计提的坏账准备）

　贷：应收账款（应收债权的账面余额）

　　　银行存款（支付的相关费用）

　　　应交税费（应交的相关税费）

(4) 接受捐赠的无形资产，按确定的实际成本，其会计分录为：

借：无形资产

　贷：递延税款（未来应交的所得税）

　　　资本公积（确定的价值减去未来应交所得税后的差额）

　　　银行存款（支付的相关费用）

　　　应交税费（应交的相关税费）

(5) 外商投资企业接受捐赠的无形资产，按确定的实际成本，其会计分录为：

借：无形资产

　贷：待转资产价值

　　　银行存款（支付的相关费用）

　　　应交税费（应交的相关税费）

(6) 自行开发并按法律程序申请取得的无形资产，其会计分录为：

借：无形资产（依法取得时发生的注册费、聘请律师费等费用）

　贷：银行存款等

在研究与开发过程中发生的材料费用、直接参与开发人员的工资及福利费、开发过程中发生的租金、借款费用等，其会计分录为：

借：管理费用

　贷：银行存款等

(7) 企业购入的土地使用权，或以支付土地出让金方式取得的土地使用权，其会计分录为：

借：无形资产（实际支付的价款）

　贷：银行存款

(8) 出售无形资产，按实际取得的转让收入，其会计分录为：

借：银行存款等（实际取得的转让收入）

　　无形资产减值准备（已计提的减值准备）

　　营业外支出——出售无形资产损失

　贷：无形资产（账面余额）

　　　银行存款（支付的相关费用）

　　　应交税费（应交的相关税费）

　　　营业外收入——出售无形资产收益

(9) 出租无形资产，按取得的租金收入，其会计分录为：

借：银行存款等

　贷：其他业务收入

结转出租无形资产的成本，其会计分录为：

借：其他业务支出

　贷：无形资产

(10) 无形资产摊销，其会计分录为：

借：管理费用——无形资产摊销

　贷：无形资产

二、无形资产业务中的常见错弊

（一）无形资产增加不真实、不合规

查明无形资产增加是否有合法的证明文件，如专利权证书、商标注册证书等的复印件；检查各种形式增加的无形资产是否办理了必要的产权转让手

续，如自行开发的无形资产是否按法定程序申请，并取得合法的证明文件。

（二）对无形资产的计价不正确

（1）购入无形资产的发票有无伪造、篡改的行为，与购入无形资产直接相关的费用是否计入无形资产价值，有无将其他无关费用计入无形资产购入成本的行为。

（2）自行开发的无形资产通常按其开发过程中实际发生的支出计价，检查各项支出是否真实、合规、正确，所列开支是否确为无形资产开发所发生的开支，有无将与无形资产开发无直接关系的费用列入无形资产价值等，可以审阅无形资产及费用明细账来查明此类问题。

（3）检查无形资产账户，查证企业商誉的作价入账是否只是在企业合并情况下发生，有无在正常的经营期内，擅自将商誉作价入账的行为。

（4）检查企业由法定评估部门出具的评估证书，从而查明企业有无未经法定评估而擅自对无形资产作价的行为。

（三）对无形资产的摊销不合理、不合规

（1）对于无形资产转让是否合法的问题，应检查企业无形资产明细账中减少的记录，然后查出对应原始凭证，了解出售行为是否是在正常情况下发生的，有无必要的批准手续，批准手续有无伪造行为。如果存在不法行为，应进一步追究有关负责人的责任。

（2）对于无形资产售价是否合理，可按计价原则进行检查、验证，必要时可向专家或专业评估机构申请帮助。

（3）对于无形资产价款是否及时收回，账务处理是否正确，可结合应收款和收入的检查进行。

（四）企业对转让无形资产的会计处理不正确、不合规

根据制度规定，企业转让或出售无形资产取得的净收入，除国家法律、法规另有规定外，应计入企业的其他业务收入。即企业向外转让或出售的无形资产，其转让收入记入“其他业务收入”账户；其转让成本，记入“其

他业务支出”账户。

在实际中存在着企业对转让无形资产的会计处理不正确、不合规的问题。

如某工业企业向外转让专有技术一项，取得转让收入50 000元，该专有技术的账面价值是25 000元。

借：银行存款　　50 000

　贷：营业外收入　　50 000

借：营业外支出　　25 000

　贷：无形资产　　25 000

上述问题表现在，将应列入“其他业务收入”和“其他业务支出”账户中的业务都作“营业收入”和“营业外支出”列账了，从而漏缴了此项收入的营业税。

（五）无形资产投资转出业务中的错弊

（1）对于无形资产投资转出计价是否合理、合规，可参照无形资产计价合理合规性的检查方法进行，注意确定的转让价格是否在合同中明确规定，实际执行的价格与合同有关条款是否一致。

（2）无形资产转出的会计处理是否正确、合规，应检查“其他业务收入”“其他业务支出”和“长期投资”账户明细账，查清有无乱列收入账户等问题。

（六）无形资产摊销的查证

无形资产摊销是否正确、合规的查证方法：

（1）收集有关无形资产的法规及其证书，如《专利法》《商标法》《著作权法》和专利权证书、商标证明书等，了解被检查的无形资产有无法定使用年限。

（2）根据收集到的有关资料判断企业无形资产有效期限的确定是否正确、合规。

(3) 检查企业无形资产摊销是否按规定列入管理费用，有无与其他费用、开支，如制造费用、销售费用、营业外支出、其他业务支出、在建工程支出相互混淆的情况。

第二节　递延资产的常见错弊及查证

一、递延资产概述

概念：递延资产是指不能全部计入当年损益，应在以后年度内较长时期摊销的除固定资产和无形资产以外的其他费用支出，包括开办费、租入固定资产改良支出，以及摊销期在1年以上的长期待摊费用等。

(一) 开办费

开办费是企业在筹建期间实际发生的各项费用。包括筹建期间人员的工资、差旅费、办公费、职工培训费、印刷费、注册登记费、调研费、法律咨询费及其他开办费等。

开办费应当自公司开始生产经营当月起，分期摊销，摊销期不得少于5年。

(二) 租入固定资产改良支出

企业从其他单位或个人租入的固定资产，所有权属于出租人，但企业依合同享有使用权。通常双方在协议中规定，租入企业应按照规定的用途使用，并承担对租入固定资产进行修理和改良的责任，即发生的修理和改良支出全部由承租方负担。对租入固定资产的大修理支出，不构成固定资产价值，为递延资产，租入固定资产改良及大修理支出应当在租赁期内分期平均摊销。

(三) 长期待摊费用

长期待摊费用是指开办费和租入固定资产改良支出以外的其他递延资

产。包括一次性预付的经营租赁款、向金融机构一次性支付的债券发行费用，以及摊销期在1年以上的固定资产大修理支出等。长期待摊费用的摊销期限均在1年以上，这与待摊费用不同，后者的摊销期限不超过1年，所以列在流动资产项目下。

二、递延资产的主要错弊形式

（一）属于固定资产的项目，记入递延资产核算

检查人员在检查某企业资产负债表“递延资产”项目时，发现本年递延资产总额比上年陡增。于是调阅了本年的“递延资产”明细账，发现5月份该账的“租入固定资产改良支出”项目有240 000元支出。会计分录如下：

借：递延资产 240 000

　贷：在建工程 240 000

通过检查“在建工程”明细账，发现该工程为企业新建宿舍支出，不属于“租入固定资产的改良支出”项目。

（二）确定摊销期过短，提高每期摊销额

某新建制造企业在上年7月至12月间共发生开办费552 000元。该企业自本年1月起开始投产。检查人员审阅该企业“递延资产”明细账时，发现每月摊销额均为23 000元。复核计算后认定每期摊销额明显不合理，询问有关财会人员，称是按2年摊销期计算，分24个月摊完。

（三）待摊费用的计算不真实、不正确

待摊费用的计算不真实、不正确的常见表现：费用分摊期限不合理，未按费用受益期分摊，如将应在12个月内分摊的费用，故意延长至24个月，或缩短分摊期；费用归集错误，把不属于待摊费用的支出计入该科目，如将资本性支出（如购置固定资产）当作待摊费用；分摊金额计算错误，未按正确方法（如直线法）计算每期分摊额，导致各期分摊金额不准确；虚构待摊

费用，无实际发生的费用，虚构项目列入待摊费用，虚增资产或调节利润。因此，应检查待摊费用的真实性，检查相关合同和转账记录和票据，检查摊销期限和合同规定的时限是否一致，每期摊销额是否一致，有无随意调节摊销金额的情况。

（四）开办费支出内容不正确，虚列费用

开办费一般的舞弊形式表现为：虚构费用项目，无实际发生的办公设备购置费、装修费等，伪造合同或发票虚增开办费；混淆费用性质，将个人消费或与企业开办无关的支出（如股东私人开支）计入开办费；重复列支费用，同一笔费用（如房租）在开办费和其他科目中重复核算；超标列支费用，将超过合理范围的支出（如高额业务招待费）计入开办费，未按实际用途分类。因此，检查开办费要审查其是否符合财务制度规定的开支范围、账务处理是否正确、相关支付票据与合同规定是否一致等。

第七章 负债类账户的检查

负债，是指过去的交易、事项形成的现时义务，履行该义务预期会导致经济利益流出企业。企业的负债应按其流动性，分为流动负债和长期负债。

流动负债，是指将在1年（含1年）或者超过1年的一个营业周期内偿还的债务，包括短期借款、应付票据、应付账款、预收账款、应付工资、应付福利费、应付股利、应交税费、其他暂收应付款项、预提费用和1年内到期的长期借款等。

长期负债，是指偿还期在1年或者超过1年的一个营业周期以上的负债，包括长期借款、应付债券、长期应付款等。

第一节 应付账款、预收账款业务的检查

一、应付账款的检查

（一）应付账款的概念及账务处理

应付账款是指企业经营过程中因购买材料、商品和接受劳务供应等而应付给供应单位的款项。应付账款是由于在购销活动中买卖双方取得物资与支付货款在时间上的不一致而产生的负债。企业的其他应付账款，如应付赔偿款、应付租金、存入保证金等，不属于应付账款的核算内容。

1. 应付账款核算使用的主要科目

为了总括地反映和监督企业应付账款的发生及偿还情况，应设置“应付

账款”科目。该科目的贷方登记企业购买材料、物资及接受劳务供应的应付但尚未付的款项；借方登记偿还的应付账款、以商业汇票抵付的应付账款；期末贷方余额表示尚未支付的应付款项。该科目应按照供应单位设置明细账，以进行明细分类核算。

2. 应付账款主要的账务处理

（1）企业购入材料、商品等验收入库，但货款尚未支付，根据有关凭证(发票账单、随货同行发票上记载的实际价款或暂估价值)，借记“物资采购”“在途物资”等科目，按可抵扣的增值税额，借记“应交税费——应交增值税（进项税额）”等科目，按应付的价款，贷记本科目。

企业采购物资时，因供货方发货时少付货物而出现的损失，在由供货方补足少付的货物时，应借方记“应付账款”，贷方转出“待处理财产损益”中的相应金额。

（2）接受供应单位提供劳务而发生的应付未付款项，根据供应单位的发票账单，借记“生产成本”“管理费用”等科目，贷记本科目。支付时，借记本科目，贷记“银行存款”等科目。

（3）采用售后回购方式融资的，在发出商品等资产时，应按实际收到或应收的金额，借记“银行存款”“应收账款”等科目，按专用发票上注明的增值税额，贷记“应交税费——应交增值税（销项税额）”科目，按其差额，贷记本科目。回购价格与原销售价格之间的差额，应在售后回购期间内按期计提利息费用，借记“财务费用”科目，贷记本科目。

购回该项商品时，应按回购商品的价款，借记本科目，按可抵扣的增值税额，借记“应交税费——应交增值税（进项税额）”科目，按实际支付的金额，贷记“银行存款”科目。

（4）企业与债权人进行债务重组，应当分别按照债务重组的不同方式进行账务处理。

以低于应付债务账面价值的现金清偿债务的，应按应付账款的账面余额，借记本科目，按实际支付的金额，贷记“银行存款”科目，按其差额，贷记“营业外收入——债务重组利得”科目。

企业以非现金资产清偿债务的，应按应付账款的账面余额，借记本科目，按用于清偿债务的非现金资产的公允价值，贷记“交易性金融资产”“其他业务收入”“主营业务收入”“固定资产清理”“无形资产”“长期股权投资”等科目，按应支付的相关税费，贷记“应交税费”等科目，按其差额，贷记“营业外收入”等科目或借记“营业外支出”等科目。

以债务转为资本，应按应付账款的账面余额，借记本科目，按债权人因放弃债权而享有的股权的公允价值，贷记“实收资本”或“股本”、“资本公积——资本溢价或股本溢价”科目，按其差额，贷记“营业外收入——债务重组利得”科目。

以修改其他债务条件进行清偿的，应将重组债务的账面余额与重组后债务的公允价值的差额，借记本科目，贷记“营业外收入—— 债务重组利得”科目。

（5）企业如有将应付账款划转出去或者确实无法支付的应付账款，应按其账面余额，借记本科目，贷记“营业外收入”科目。

（二）常见的会计错弊和相应的查证方法

1. 企业以“应付票据”转“应付账款”拖欠货款的检查

对于企业通过拖欠货款牟利的检查，通常采用审阅法、核对法、调查法等技术方法。具体检查该项业务时，应该掌握以下几个步骤：

（1）审阅企业的“应付票据”明细分类账和“应付票据”备查登记簿，查证其应付票据业务的账务处理是否真实、合理、应付票据登记簿的内容是否完整，包括应付票据的签发日期、种类、编号、到期日、票面金额、收款人单位或姓名、合同交易编号、付款日期和金额等详细资料。尤其应该注意应付票据的注销情况，如果发现异常，应该进一步跟踪检查。

（2）针对第一步发现的疑点和问题，进一步查找、审阅相关的账簿和记账凭证。对查出的到期票据结算情况应进一步核实，发现有转入应付账款的账务记录，应进一步追踪检查，弄清其转账背景、转账金额以及长期拖欠的时间。

(3) 根据以上情况，再采取调查法，进行内查外调，仔细向交易双方调查，通过买卖双方人员核实企业应付票据转为应付账款，并在“应付账款”账户中长期挂账的真实原因，从而进一步查明交易合同双方有关经手人之间私自牟利的情况。

2. 对虚列应付账款舞弊行为的检查

对企业虚列应付账款的检查，通常采用审阅法、逆查法和复核法等技术方法。正常情况下，先查阅应付账款明细分类账，主要是看企业年初有无以红字冲减应付账款的记录。因为，企业如果采用上述舞弊做法，就一定会在以后的会计期间以红字冲回，否则就会导致企业真正地减少利润。如果企业账面存在红字冲减业务，则应跟踪检查相应的记录凭证和原始凭证，从中查找问题。如果前后两笔业务的凭证内容一致，金额相等，就应该用查询法询问有关的财会人员，弄清业务的真相。接着应进一步检查制造费用明细账、生产成本明细账、产品成本明细账、产品销售成本明细账，确认企业虚列成本费用的实际数额，及其对本年利润的影响程度。

3. 对企业利用应付账款扩大职工福利的检查

有些企业为了扩大职工福利，向职工发放钱物，经常采用将资金转入“应付账款”以虚设债务的手段。对此类违法行为的检查，一般为采用审阅法、复核法、询证法等技术方法。具体检查过程：审阅“应付账款”明细分类账，注意每一笔业务的发生额及其业务内容的记录有无异常之处，发现疑点应追踪核对有关记账凭证和原始凭证，必要时还应采取询证法，发函或派人到债权单位进行调查取证，依据有关的询证资料与企业相关人员核实后，确认企业债务的真实性。若确认属于虚设“应付账款”，则应进一步查证其转销情况，往往就会发现其虚假债务，其实恰恰是企业的某项收入。企业之所以将其转入“应付账款”账户，主要是为了给职工违规发放钱物。

二、预收账款的检查

（一）预收账款

预收账款是企业按照合同规定向购货单位预收的款项。

（二）预收账款的核算

预收账款是负债类科目，是指一方预收对方的账款，而实际的货物还没有发出。会计分录为：销售未实现时，借记“银行存款”“现金科目”，贷记“预收账款”科目；销售实现时，借记“预收账款”科目，对应贷记科目“主营业务收入”。

不单独设“预收账款”科目的企业，预收的账款在“应收账款”科目核算。在“应收账款”的贷方登记收到的预收款数额，借记“银行存款”“库存现金”科目，贷记应收账款科目。

发出货物开具发票时，借记“应收账款”科目，贷记“主营业务收入”科目若为增值税一般纳税人，还应贷记“应交税费——应交增值税（销项税额）”。

（三）预收账款常见的会计错弊和相应的查证方法

1. 对企业利用预收账款虚增收入的检查

企业为了虚增产品或商品营业收入，往往利用取得的预收账款进行舞弊。对此类违纪行为的检查，通常采用审阅法、核对法等技术方法。这里应该重点审阅“预付账款”和“主营业务收入”明细分类账的记录。尤其应该注意企业年末以及红字冲销的业务记录，并应跟踪追查原始凭证，查清发票、仓库的提单等凭证是否齐全。对红字冲回的业务记录，要仔细查明冲回的是哪一笔经济业务，将两笔业务的凭证结合起来检查，查明是属于对方退货造成的，还是企业虚增产品或商品营业收入，抑或是虚增当期利润所造成的。

2. 对预收货款长期挂账的检查

对于企业将预收账款长期挂账的舞弊行为的检查，主要采用审阅法、调查法和复核法等技术方法。在检查过程中，首先应该详细审阅企业的“预收账款”明细分类账，依据相关的经济合同、贷款协议，逐笔核对企业是否存在逾期不供货、长期挂账的情况。如果发现企业存在拖延供货的时间、预收账款长期不结算等现象，则应采取相应的措施，进行内查外调，查明是属于企业的客观原因所致，还是企业为了骗取购货方的预付款项所致，这样就可以对企业在“预收账款”问题上的舞弊行为予以确认。

3. 利用“预收账款”账户进行舞弊行为

调查购货方有无必要预付货款，有无订立预付账款购销合同。检查有关销货合同、仓库发货单、货运单据、收款凭证、记账凭证等，并分析已实现销售的商品是否及时转销预收账款，以确定预收账款和销售收入核算的正确性和合理性。

4. 利用“预收账款”截留收入

有的企业以预付账款隐匿销售收入，形成“小金库”。实例分析如下：

据举报，X X公司存在隐藏收入，以达到截留资金，进入“小金库”的目的。查账人员在对该公司的会计资料进行查证的过程中，根据“预收账款”明细账与销售合同核对，发现“预收账款——B企业”无销售合同，在摘要中也无注明发货日期或偿还日期。查账人员疑其为隐藏的收入。

查账人员调阅记账凭证，其记录为：

借：银行存款　　6 000

　贷：预收账款——B企业　6 000

通过调阅原始凭证进账单和发货票，查账人员发现该笔收入为盘盈商品的销售收入，货已经发出，货款已经取得，只是由于购货方属于小建筑队，未向该公司索取正式的发票，使该公司有了隐藏收入的可能性。在调查有关人员时，被查单位领导承认了收取的销售款未反映商品销售收入，截留了此项收入。

调账应将预收账款调整为销售收入。其会计分录为：

借：预收账款——B 企业 6 000

贷：商品销售收入 6 000

第二节 应付职工薪酬业务的检查

一、应付职工薪酬概述

（一）应付职工薪酬概念

应付职工薪酬是指企业根据有关规定应付给职工的各种薪酬，包括职工工资、奖金、津贴和补贴，职工福利费，医疗、养老、失业、工伤、生育等社会保险费，住房公积金、工会经费、职工教育经费、非货币性福利等因职工提供服务而产生的义务报酬。

（二）应付职工薪酬的账务处理

企业按照有关规定向职工支付工资、奖金、津贴等，借记“应付职工薪酬”，贷记“银行存款”“库存现金”等科目。

企业从应付职工薪酬中扣还的各种款项（代垫的家属药费、个人所得税等），借记本科目，贷记“其他应收款”“应交税费——应交个人所得税”等科目。

企业向职工支付职工福利费，借记本科目，贷记“银行存款”“库存现金”科目。

企业支付工会经费和职工教育经费用于工会运作和职工培训，借记本科目，贷记“银行存款”等科目。

企业按照国家有关规定缴纳社会保险费和住房公积金，借记本科目，贷记“银行存款”科目。

企业因解除与职工的劳动关系向职工给予的补偿，借记本科目，贷记“银行存款”“库存现金”等科目。

企业应当根据职工提供服务的受益对象，对发生的职工薪酬分别按以下情况进行处理：

生产部门人员的职工薪酬，借记“生产成本”“制造费用”“劳务成本”科目，贷记本科目。

管理部门人员的职工薪酬，借记“管理费用”科目，贷记本科目。

销售人员的职工薪酬，借记“销售费用”科目，贷记本科目。

应由在建工程、研发支出负担的职工薪酬，借记“在建工程”“研发支出”科目，贷记本科目。

因解除与职工的劳动关系给予的补偿，借记“管理费用”科目，贷记本科目。

外商投资企业按规定从净利润中提取的职工奖励及福利基金，借记“利润分配——提取的职工奖励及福利基金”科目，贷记本科目。

非货币性福利按产品或商品的市场公允价值，计入相关资产成本或当期损益。

二、应付职工薪酬的会计错弊

应付职工薪酬的会计错弊主要有两类。

（一）应付工资的计算不正确

其主要形态有：

（1）将不能列入应付工资内的支付给职工的有关款项列作应付工资，如将医药费、福利费列入应付工资。

（2）采用计时工资的单位，考勤不准，造成计时工资的计算不正确；采用计件工资的单位，产量、质量不准，造成工资计算不正确。

（3）奖金分配办法不合理，如平均分配，失去了奖金的本来作用。

（4）有关津贴的支付不符合国家规定的标准，如提高副食品价格补贴标准。

（5）代扣款项的计算不准确，如应列入“工资表”中的代扣除项目未扣除。

（6）有关会计人员利用会计部门内部管理不健全，虚列职工姓名或者使原始凭证与记账凭证不一致，进行贪污等。

（二）应付工资发放过程发生的假账主要形态

（1）按应发工资数向银行提取现金，套取银行现金。

（2）发放工资手续不健全，如职工领工资后未签章，冒领工资；对未能领出的应付工资处理不当，如未领的工资由出纳保管，但未作其他应付款处理，导致现金账实不符。

三、实例分析

查账人员在查阅 X X 公司 2004 年 10 月份“银行存款”日记账时，发现 10 月 15 日摘要中说明不清楚，决定进一步查证。

查账人员调阅了 10 月 15 日 4#记账凭证，凭证内容如下：

借：银行存款　　12 000

　贷：应付工资　　12 000

该凭证账户对应关系引起了查账人员怀疑，因为一般应付工资只能和成本费用类科目相对应。经进一步询问并查阅了原始凭证，查账人员确认该企业将本单位因一辆汽车失窃而从保险公司获得的 12 000 元赔偿款记入了“应付工资”账户，并已在 10 月 25 日作为津贴实际发给了职工，会计分录如下：

借：现金　　12 000

　贷：银行存款　　12 000

借：应付工资　　12 000

　贷：现金　　12 000

被查企业违反会计制度的规定，将应列入营业外收入的赔偿收入作为应付工资核算，造成当期利润减少，少纳税款。

如果上述问题在10月份被查清，应编制调账分录如下：

借：其他应收款　12 000

　贷：营业外收入 12 000

第三节　应交增值税的检查

一、增值税概述

2024年12月25日，第十四届全国人民代表大会常务委员会第十三次会议表决通过了《增值税法》。《增值税法》共6章38条，自2026年1月1日起施行。目前，征收增值税的依据是国务院颁布实施的《增值税暂行条例》。

（一）增值税概念

增值税是指对在我国境内销售货物、服务、无形资产、不动产以及进口货物的单位和个人，就其取得的货物或应税劳务销售额，以及进口货物金额计算税额，并实行税款抵扣制的一种流转税。销售货物、服务、无形资产、不动产，是指有偿转让货物、不动产的所有权、有偿提供服务、有偿转让无形资产的所有权或者使用权。

1. 境内发生应税交易

根据《增值税法》第4条规定，在境内发生应税交易，是指下列情形：

（1）销售货物的，货物的起运地或者所在地在境内；

（2）销售或者租赁不动产、转让自然资源使用权的，不动产、自然资源所在地在境内；

（3）销售金融商品的，金融商品在境内发行，或者销售方为境内单位和个人；

（4）除本条第 2 项、第 3 项规定外，销售服务、无形资产的，服务、无形资产在境内消费，或者销售方为境内单位和个人。

2. 视同销售业务

有下列情形之一的，视同应税交易，应当依照《增值税法》规定缴纳增值税：

（1）单位和个体工商户将自产或者委托加工的货物用于集体福利或者个人消费；

（2）单位和个体工商户无偿转让货物；

（3）单位和个人无偿转让无形资产、不动产或者金融商品。

（二）增值税税率的规定

（1）纳税人销售货物、加工修理修配服务、有形动产租赁服务，进口货物，税率为 30%。

（2）纳税人销售交通运输、邮政、基础电信、建筑、不动产租赁服务，销售不动产，转让土地使用权，销售或者进口下列货物，税率为 9%：

①农产品、食用植物油、食用盐；

②自来水、暖气、冷气、热水、煤气、石油液化气、天然气、二甲醚、沼气、居民用煤炭制品；

③图书、报纸、杂志、音像制品、电子出版物；

④饲料、化肥、农药、农机、农膜。

（3）纳税人销售服务、无形资产，税率为 6%。

（4）纳税人出口货物，税率为 0；国务院另有规定的除外。

（5）境内单位和个人跨境销售国务院规定范围内的服务、无形资产，税率为 0。

（6）适用简易计税方法计算缴纳增值税的征收率为 3%。

（7）纳税人发生两项以上应税交易涉及不同税率、征收率的，应当分别核算适用不同税率、征收率的销售额；未分别核算的，从高适用税率。

(8) 纳税人发生一项应税交易涉及两个以上税率、征收率的，按照应税交易的主要业务适用税率、征收率。

二、增值税业务的账务处理

某企业本月发生以下业务：

(1) 购入一批原材料，专用发票上注明的价款为 120 000 元，增值税额为 20 400 元，款项已用转账支票支付，会计分录如下：

借：材料采购　　120 000

　应交税费——应交增值税（进项税额）　　20 400

贷：银行存款　　140 400

(2) 出售一批产品，不含税销售额为 180 000 元，增值税为 30 600 元，款项已存入银行，会计分录如下：

借：银行存款　　210 600

贷：主营业务收入　180 000

　应交税费——应交增值税（销项税额）　30600

(3) 某项工程领用一批生产用材料，成本为 13 500 元，进项税额为 2 295 元，会计分录如下：

借：在建工程　　15 795

贷：原材料　　13 500

　应交税费——应交增值税（进项税额转出）2 295

(4) 将一批材料对外投资，双方协议按成本作价。该批材料的成本 400 000 元，计税价格为 440 000 元，增值税率为 17%，会计分录如下：

借：长期股权投资——XX 公司　　474 800

贷：原材料　　400 000

　应交税费——应交增值税（销项税额）　　74 800

(5) 将本企业生产的产品一批用于工程。产品的成本为 200 000 元，计税价格为250 000元，增值税率为17%，会计分录如下：

借：在建工程　　242 500

　贷：产成品　　200 000

　　应交税费——应交增值税（销项税额）42 500

三、增值税的检查

（一）偷逃增值税的主要手段

1. 少计销项税

（1）把销售产品等含税收入票据压下来不做账，推迟申报纳税。

（2）把销售产品等含税收入放入“小金库”中，以偷逃增值税。

（3）把销售产品等含税收入不做收入和应交税费账，从而冲减生产成本、制造费用、产品销售费用、其他业务支出、管理费用、财务费用、在建工程、递延资产、待摊费用等支出，不申报纳税。

（4）把销售产品等含税收入不做收入和应交税费账，而做在“应付账款”“预收账款”“其他应付款”“应收账款”“其他应收款”等账上，不申报纳税。

（5）价外收入不计提销项税。

（6）出售原材料、边角料、废旧物品等收入不计提销项税。

（7）按低于规定的税率计提销项税，以偷逃增值税。

（8）采取以物易物方式销售货物，不作销售处理计提销项税。

（9）采取以旧换新方式销售货物，不按新货物的同期销售价格确定销售额计提销项税或不作销售处理计提销项税。

（10）以货抵债的，不作销售处理计提销项税。

（11）将自产或委托加工的货物用于在建工程等非应税项目的，不视同销售货物计提销项税。

（12）将自产或委托加工的货物作为投资提供给其他企业或个人的，不视同销售货物计提销项税。

（13）将自产或委托加工的货物分配给股东或投资者的，不视同销售货物计提销项税。

（14）将自产或委托加工的货物用于集体福利或个人消费的，不视同销售货物计提销项税。

（15）将自产或委托加工的货物无偿赠送他人的（限额内用于公益、救济性捐赠以外），不视同销售货物计提销项税。

（16）随同产品出售包装物收入及逾期未退还的包装物押金，直接冲减“包装物”账，不计入销售收入提取销项税。

（17）化自产为加工，少提销项税，即只按销售额与原材料成本的差额计算销售收入，原材料成本直接用销售收入冲减。

（18）采取记账凭证金额小于所附附件所载销项税金额的手段，以少计销项税。

（19）免税项目多退销项税额，即不按不含税收入乘相应税率计算，而按含税收入直接乘相应税率的金额从销项税额中退出。

（20）故意混淆征免税界限，把应税项目列入免税项目。

2. 虚增进项税

（1）没有购进货物，开具假的购进货物增值税发票，虚增进项税。

（2）虚开货物进价，多计进项税。

（3）因进货退回或折让而收回的增值税不从进项税中扣减。

（4）购进货物未按规定取得或保存增值税扣税凭据，而推算进项税申报抵扣。

（5）购入用于非应税项目、免税项目及集体福利或个人消费的货物，将其税额计入进项税申报抵扣。

（6）购入货物改变用途用于非应税项目、免税项目及集体福利或个人消费的，不将相应的进项税转出，而仍申报抵扣。

（7）购入货物作为投资或捐赠转出时，不将相应的进项税转出，而仍申报抵扣。

（8）非正常损失产品、在产品或外购货物，不将相应的进项税转出，而仍申报抵扣。

（9）将购置机器设备等固定资产，特别是按规定一次性计入生产成本的固定资产已缴的税金计入进项税申报抵扣。

（10）被收购货物的对象是经营单位而不是个人，而采用专用收购凭证计算进项税申报抵扣。

（11）向小规模纳税人购入货物，因小规模纳税人只能代开 3%的增值税，而运费可据实抵扣 10%的进项税，故采取降低进价、扩大运费的手段以虚增进项税。

（12）非法从运输企业、个体户手中开具运费发票，甚至干脆用白条运费发票据以计算进项税申报抵扣。

（13）供货单位返还给企业的利润或奖励，直接冲减有关费用或作营业外收入，不将相应的进项税转出。

（14）多提可以作为进项税抵扣的，如电费等预提费用，以虚增进项税，甚至有的单位冲转多提如电费等预提费用时又不如数转出多提的进项税。

（15）采取记账凭证金额大于所附增值税专用发票税款抵扣联金额的手段，以虚增进项税。

（16）有二级单位的企业，有的进项税既在一级单位申报抵扣，又在二级单位申报抵扣，造成重复抵扣进项税额。

（17）货物未入库，也未付款，但专用发票先到，企业就按发票注明的税金作进项税申报抵扣。

（18）将办理申报纳税期间收到的专用发票提前到上期计算进项税申报抵扣，以减少申报期内的应交税费。

3. 其他手段

（1）查补增值税的入库，不按规定调整账务，而借记“应交税费——应交增值税（已交税费）”，贷记“银行存款”。这样，企业在缴纳下期增值税时，就不知不觉地将查补的税款如数抵顶了回去。

（2）记账时张冠李戴以虚减销项税或虚增进项税的手段偷逃增值税，如会计凭证上为“贷：应交税费——应交增值税（销项税额）10 000元”，而记账时则将此记入“管理费用”账户的贷方；又如会计凭证上为“借：产品销售费用6 000元”，而记账时则将此记入“应交税费——应交增值税（进项税额）”的借方。

（3）采取有增加销项税会计凭证不记或少记账，无增加进项税会计凭证记增加进项税账或不按会计凭证上增加进项税的金额多记账的手段偷逃增值税。

（4）不如实进行纳税申报，即少报销项税、进项税额转出或多报进项税、已交增值税以达到偷逃增值税的目的。

（5）偷逃增值税后，谎称会计资料遗失或因某种灾害损毁，以掩盖偷逃增值税的行为。

（二）增值税的检查方法

1. 检查会计账簿

主要检查“应交税费”账簿，核实应交增值税账簿上的金额与纳税申报金额是否相符，有无采取不如实进行纳税申报的手段偷逃增值税的情况；核实应交增值税的账簿记录与会计凭证是否相符，记账时有无张冠李戴，如以有增加销项税会计凭证不记或少记账，无增加进项税会计凭证记增加进项税账或不按会计凭证上增加进项税的金额多记账的手段偷逃增值税的情况。

2. 检查会计凭证

会计凭证包括记账凭证和原始凭证，它记录了每一笔经济业务的内容，是留下偷逃增值税铁证的主要凭据。因此，对照偷逃增值税的手段检查会计凭证是清查偷逃增值税行为的主要方法。对原始凭证，主要检查该计提的销项税是否计提、所载可抵扣的进项税是否有真实合法的凭据、该转出的进项税是否转出及其计算是否正确、有无虚假的购进货物增值税发票和运费发票等。对记账凭证，主要检查应附附件是否齐全、与原始凭证的内容是否一致和数字是否相符、会计科目的使用是否正确、与账簿记录是否吻合等。通过对会计凭证的检查，核实有无采取某一或某些偷逃增值税的手段进行偷逃增值税的情况。

3. 检查收款票据

主要检查已使用发票、收据的存根联是否齐全，有无缺号情况；所有开具了未作废的发票、收据的记账联是否都做了账，存根联与记账联上的数量、金额是否一致；未使用的发票、收据有无缺号的情况，每份未使用的发票、收据、收据联是否存在；核实有无采取把销售产品等含税收入票据压下来不做账或放入“小金库”中等手段偷逃增值税的情况。

4. 盘点库存现金

对库存现金进行突击盘点，检查库存现金实际金额与现金日记账和总账余额是否相符，并注意检查出纳手中保管未入账的收支单据，核实有无采取把销售产品等含税收入票据压下来不做账或放入“小金库”中等手段偷逃增值税的情况。

5. 检查银行存款

对银行存款进行检查，检查单位银行存款账面余额与单位银行存款实有金额是否相符，未达账款是否由于正常原因所致，特别要注意一收一付金额相等的银行已入账的单位未达账款，核实有无采取把销售产品等含税收入票据压下来不做账或放入“小金库”中等手段偷逃增值税的情况。

6. 核实往来账款

采取上户、函证等方法，对“应付账款”“预收账款”“其他应付款”“应收账款”“其他应收款”的实有数进行核实，检查其账面金额与实际数额是否相符，检查有无把销售产品等含税收入不做收入和应交税费账，而做在“应付账款”等账上，不申报纳税而偷逃增值税的情况。

7. 检查实物资产

对产成品、原材料、低值易耗品等实物资产进行盘点，并检查相应的总账、明细账、仓库保管账和备查账，看账实、账账是否相符，核实有无采取把销售产品等含税收入票据压下来不做账或放入“小金库”中等手段偷逃增值税的情况。

8. 比较分析情况

对被查单位检查期间的销售收入、销项税额、进项税额、已交税费、每一元钱销售额应交税额、消耗某项主要原材料每一计量单位应交税额、消耗每度电应交税额、支付生产工人每一元钱工资应交税额等情况分别与相应的本期计划数、上期实际数、同行业水平数等进行比较，分析产生差异的原因，核实有无采取某一或某些偷逃增值税的手段进行偷逃增值税的情况。

9. 向被查单位人员询问调查

在发现偷逃增值税问题、线索前或后，找被查单位的相关人员如有关领导、财会、业务等人员，特别是比较熟悉情况、作风正派、敢说实话的共产党员、老同志进行询问调查。在询问调查中，要注意分析和掌握被询问调查人的心理状态，有的放矢地做好启发疏导工作，核实是否存在偷逃增值税的行为及相关的具体情况。

10. 发动群众举报

企业偷逃增值税的行为，有的在财务账上反映了，这类行为比较容易被查出；有的则没有在财务账上反映，如把销售产品等含税收入放入了“小金库”中，这类行为不容易被查出。为此，要采取措施如实行有奖举报、专项举报等广泛发动群众举报，以便发现线索、顺藤摸瓜，查出偷逃增值税的行为。

第四节　其他流动负债业务的检查

一、应付利润的检查

（一）应付利润概述

应付利润是企业在接受投资或联营、合作期间，按协议或合同规定应支付给投资者或合作伙伴的利润。该项利润在尚未实际支付之前，构成企业的一项流动负债。

在会计核算中设置“应付利润”科目进行核算。应付利润包括应付国家、其他单位以及个人的投资利润。该项流动负债应于期末，根据税后利润的一定比例计算并及时予以确认。

（二）应付利润的账务处理

为反映企业应付给投资者的利润，应设置“应付利润”科目，本科目借方登记已支付利润，贷方登记发生的各类应付利润数，期末贷方余额表示尚未支付的利润。实行股份制的企业，应设置“应付股利”科目进行核算，账户的结构与“应付利润”账户相同。

非股份制企业，分给投资者的利润，应在提取盈余公积以后进行分配，按照投资协议、章程或其他约定的办法进行分配。

企业计算出应支付给投资者的利润时，借记“利润分配”科目，贷记本科目；支付利润时，借记本科目，贷记“银行存款”等科目。

例：某企业计算应付甲企业投资分利 20000 元，以现金支付，作会计分录如下：

（1）利润分配时：

借：利润分配——应付投资分利　　20 000

　贷：应付利润——甲企业投资分利　　20 000

（2）支付利润时：

借：应付利润——甲企业投资分利　20 000

　贷：现金　20 000

（三）应付利润的检查

1. 超额向投资者分配的利润

其主要形态有：在未弥补亏损时分与利润，企业未提取盈余公积之前分配利润，分配的利润大于可供分配的利润。

2. 应付利润计算不正确

其主要表现为：分配比例不相同，总账应付利润数与明细账不一致。

3. 利用“应付利润”账户，隐匿收益

例：利用“应付利润”账户转移应税收入，偷逃企业所得税的。

查账人员检查某企业“应付利润”明细账，发现在A公司明细账下有一笔账户对应关系异常的会计分录：

借：银行存款 250 000.00

　贷：应付利润——A公司 250 000.00

所附原始凭证为1张银行进账单收账通知联，付款人为M公司。

本年某月某日，又见从借方转出：

借：应付利润——A公司 250 000.00

　贷：银行存款 250 000.00

所附原始凭证为1张转账支票存根，但支款用途未填。

经查实，所支付的利润原来是企业取得的一笔投资收益。企业已用此款为职工发放了集体福利。

分析：为发放集体福利，不顾国家税法，公然隐匿投资收益。尤其是将隐匿的收益转在税后的结算账户，真可谓处心积虑！

二、其他应付款的检查

（一）其他应付款

其他应付款指企业应付、暂收其他单位或个人的款项，如应付租入固定资产和包装物的租金，存入保证金、职工未按期领取的工资，应付、暂收所属单位、个人的款项等。

企业应设置“其他应付款”账户进行核算。该账户的贷方登记发生的各种应付、暂收款项，借方登记偿还或转销的各种应付暂收款项，余额在贷方，表示应付未付款项。本账户应按应付、暂收款项的类别设置明细账户。

企业发生各种应付、暂收或退回有关款项时，借记“银行存款”“管理费用”等账户，贷记“其他应付款”账户；支付有关款项时，借记“其他应付款”账户，贷记“银行存款”等账户。

（二）其他应付款的检查方法

（1）检查入账依据是否符合现行制度规定。查明是否有将应付账款、应付票据、预收账款和短期借款等一些本不属于其他应付款范围的内容放在其他应付款中核算。

（2）检查相关经济业务是否真实、合法。查明企业有无将应属企业本期收益和费用的项目通过其他应付款科目来核算，或在其他应付款科目项下坐收坐支。

（3）检查长期挂账的其他应付款，查明原因，并作出记录。

（4）检查债权人不明确和数额异常的其他应付款项目。

（5）检查应付股东、高级管理人员、董事、联营企业和关联企业的款项。检查企业有无利用其他应付款截留收入、虚挂费用或隐瞒盈亏。

（6）检查出现借方余额的其他应付款项目，查明原因，必要时作重分类调整。

（7）询问管理人员并利用分析性复核结果，检查其他应付款的完整性。

（8）检查其他应付款是否已在资产负债表及其附注中恰当披露。

第八章
所有者权益的检查

第一节 所有者权益的会计核算

一、所有者权益的概念、构成

（一）概念

所有者权益是指企业所有者对企业净资产的所有权。是指企业资产扣除负债后的剩余权益，又称股东权益。

（二）构成

所有者权益按其构成，分为：实收资本（或者为股本）、资本公积和留存收益三类。

二、实收资本业务的会计核算及查证

（一）实收资本

实收资本是指投资者按照企业章程或合同、协议的约定，实际投入企业的资本。

（二）取得实收资本的账务处理

企业接受投资者投入的实收资本，通过“实收资本”科目核算。股份有

限公司应将本科目改为“股本”科目。企业收到投资者出资超过其在注册资本或股本中所占份额的部分，作为资本溢价或股本溢价，在“资本公积”科目核算。

本科目可按投资者进行明细核算。本科目期末贷方余额，反映企业实收资本或股本总额。

1. 接受现金资产投资

股份有限公司接受现金资产投资：

借：银行存款

　贷：股本

　　资本公积——股本溢价

股份有限公司以外的企业接受现金资产投资：

借：银行存款

　贷：实收资本

2. 接受非现金资产投资

（1）接受固定资产投资，例：甲有限责任公司设立时收到乙公司做为资本投入的不需要安装的机器设备1台，合同约定该机器设备的价值为2 000 000元，增值税进项税额为340 000元（假设不允许抵扣）。合同约定的固定资产价值与公允价值相符，不考虑其他因素，甲有限责任公司进行会计处理时，应编制会计分录如下：

借：固定资产　2 340 000

　贷：实收资本——乙公司 2 340 000

（2）接受实物投资的账务处理，例：2007年3月1日，甲公司成立后，投资者丙公司投入一批材料，开具的专用发票标明价款为100 000元，增值税为17 000元。双方协商按发票价值计价，甲公司所做的会计分录为：

借：原材料　　　　　100 000

　应交税费——应交增值税（进项税额）　　17 000

贷：实收资本——丙公司　　117 000

（3）接受无形资产投资的账务处理，例：企业收到投资人投入的无形资产时，应按确认的价值：

借：无形资产

贷：实收资本

3. 实收资本（或股本）的增减变动

（1）实收资本（或股本）的增加：

三个途径：接受投资者追加投资、资本公积转增资本和盈余公积转增资本。

（2）实收资本（或股本）的减少：

企业按法定程序报经批准减少注册资本的，借记“实收资本”科目，贷记“库存现金”“银行存款”等科目。

股份有限公司采用收购本公司股票方式减资的，按股票面值和注销股数计算的股票面值总额，借记“实收资本”科目，按所注销库存股的账面余额，贷记“库存股”科目，按其差额，借记“资本公积——股本溢价”科目，股本溢价不足冲减的，应借记“盈余公积”“利润分配——未分配利润”科目；购回股票支付的价款低于面值总额的，应按股票面值总额，借记“实收资本”科目，按所注销库存股的账面余额，贷记“库存股”科目，按其差额，贷记“资本公积——股本溢价”科目。

例：大华股份有限公司 2007 年 8 月 1 日发行的总股本为 1 亿股，面值为 1 元，资本公积（股本溢价）3 000 万元，盈余公积 4 000 万元。经股东大会批准，大华公司以现金在证券市场上回购本公司股票并计划予以注销：

（1）当回购成本低于股票总面额时，增加资本公积的账务处理：

假定以每股 0. 9 元回购 2000 万股股票，会计处理如下：

回购本公司股票时：

借：库存股 1 800 000

贷：银行存款 1 800 000

注销本公司股票时：

借：股本　20 000 000

贷：库存股 18 000 000

资本公积 2 000 000

（2）当回购成本高于股票总面额时的账务处理：假设每股 2.1 元回购股票 2 000 万股：

回购本公司股票时：

借：库存股　42 000 000

贷：银行存款 42 000 000

注销本公司股票时：

借：股本 20 000 000

资本公积——股本溢价 22 000 000

贷：库存股 42 000 000

（3）回购成本高于股票总面额时，需要冲减资本公积和盈余公积时的账务处理：假定每股 3 元回购，由于要冲减的资本公积大于公司现有的资本公积，所以只能冲减资本公积 3 000 万元，剩余的 1 000 万元应冲减盈余公积。

回购本公司股票时：

借：库存股 60 000 000

贷：银行存款 60 000 000

注销本公司股票时：

借：股本　20 000 000

资本公积——股本溢价 30 000 000

盈余公积　10 000 000

贷：库存股　60 000 000

三、资本公积的会计核算

（一）资本公积的概念

资本公积是指企业在经营过程中由于接受捐赠、股本溢价以及法定财产重估增值等原因所形成的公积金。资本公积是与企业收益无关而与资本相关的贷项。资本公积是指投资者或者他人投入到企业、所有权归属于投资者、并且投入金额上超过法定资本部分的资本。

（二）资本公积的主要内容

1. 资本（或股本）溢价

资本溢价是指投资者缴付企业的出资额大于其在企业注册资本中所拥有份额的数额。股本溢价是指股份有限公司溢价发行股票时实际收到的款项超过股票面值总额的数额。

2. 接受捐赠非现金资产

接受捐赠非现金资产是指企业因接受非现金资产捐赠而增加的资本公积。接受捐赠资产是外部单位或个人赠与企业的资产。

3. 股权投资准备

股权投资准备是指企业对被投资单位的长期股权投资采用权益法核算时，因被投资单位接受捐赠等原因增加资本公积，从而导致投资企业按其持股比例或投资比例计算而增加的资本公积。

4. 拨款转入

拨款转入是指企业收到国家拨入的专门用于技术改造、技术研究等的拨款项目完成后，按规定转入资本公积的部分。

5. 外币资本折算差额

外币资本折算差额是指企业接受外币资本投资因所采用的汇率不同而产生的资本折算差额时，在收到外币资本当日的市场汇率与投资合同或协议约定的外币折算汇率不一致的情况下，按收到外币资本当日的市场汇率折算为资产入账的价值，与按照约定汇率折算为实收资本入账的价值的差额。

（三）资本公积的账务处理

1. 有限责任公司资本溢价的账务处理

借：银行存款

　贷：实收资本

　　　资本公积——资本溢价

2. 股本溢价

收到发行收入：

借：银行存款

　贷：股本

　　　资本公积——股本溢价

支付发行费：

借：资本公积——股本溢价

　贷：银行存款

3. 资本公积转增资本的核算

借：资本公积

　贷：实收资本

四、留存收益

留存收益是指企业从历年实现的利润中形成的、留存于企业的内部积累。包括盈余公积和未分配利润两部分。

（一）盈余公积

盈余公积是指企业按规定从税后利润中提取的积累资金。包括法定盈余公积和任意盈余公积。

法定盈余公积金按净利润的10%提取，法定盈余公积金达到注册资本的50%时，可不再提取。

企业的任意盈余公积可用于弥补亏损、转增资本或股本、分派现金股利或利润。

（二）未分配利润

未分配利润是指企业实现的净利润经过弥补亏损、提取盈余公积和向投资者分配之后剩余的利润。

第二节　所有者权益的检查

一、实收资本核算业务的检查

实收资本账户反映企业实际收到的投资者投入的资本。以投资者为依据进行分类，实收资本包括国家投入的资本、法人投入的资本、个人投入的资本和外商投入的资本四个方面。由于企业的组织形式不同，因此所有者投入资金的核算方法也有差异。除了股份有限公司对股东投资资本应设置“股本”账户外，其他企业对所有者投入的资本集中在“实收资本”账户中进行核算。

（一）常见错弊

（1）出资方式及形式的错弊。

（2）出资数额和比例的错弊。

（3）出资缴纳期限的漏洞。

（4）出资依据的漏洞。

（5）不合理的投入资本作价。

（6）资本增减变动的漏洞。

举例如下：企业用资产损失冲减资本金。

查账人员 2006 年 1 月在审阅某工业企业 2005 年度的账簿时，发现固定资产盘亏 30 万元。因上一年度刚进行财会制度改革，查账人员对此特别注意，同时发现“实收资本”借方发生额为30万元，查账人员怀疑其有随意冲减资本金的问题。

查账人员审阅了“实收资本”总账，发现其摘要中注明30万元发生额的原因是固定资产盘亏，对应科目为“待处理财产损益”。

接着，查账人员调阅了对应的28#记账凭证，发现其会计分录是：

借：实收资本　　30万

　贷：待处理财产损益　　30万

查账人员又调阅了待处理财产损益借方发生额分录的记账凭证，发现其会计分录为：

借：累计折旧　　5万

　　待处理财产损益——待处理固定资产损益　　30万

　贷：固定资产——模具　　35万

据此，查账人员认为该企业用固定资产盘亏冲减了资本金。

经询问该企业会计人员，查账人员了解到被查单位为了完成当年的利润指标，获得全员职工的承包奖金，未能把此笔固定资产的损失计入当期损益，只能通过减少实收资本来解决。

（7）不正确的资本分类。如有的企业将实收资本与资本公积混淆，虚增注册资本。举例如下：混淆注册资本与资本公积关系，漏记资本公积。

①发现疑点。查账人员在检查甲股份有限公司注册资本时，发现其在工商行政管理部门登记的注册资本为2 000万元人民币，每股面值为1元，但实收资本账面余额为4 000万元。查账人员怀疑其有漏记资本公积的问题。

②跟踪调查。经询问，查账人员发现该公司并没有再发行股票，也未办理增资手续。查账人员调阅原始凭证，发现仅是一张银行存款回执，金额为4 000万元人民币。该公司发行股票为溢价发行，价格为每股2元，查账人员认定对实收资本的核算不当。

③问题。该公司没有区分注册资本与资本公积，虚增注册资本，漏记了

资本公积，不符合会计规定。经了解，原因是该公司会计人员一时疏忽，混淆了两者关系。

④调账。应把 4 000 万元分为“实收资本”与“资本公积”两部分，“实收资本”只核算按股票面值计算的价值。可作如下调整：

借：实收资本　20 000 000

　贷：资本公积　20 000 000

（8）投入资本会计处理的漏洞。

（二）检查方法

检查企业实收资本业务中可能存在的会计错弊，应当按照如下的查账程序进行：

1. 对实收资本内部控制制度的健全性和有效性进行检查

查账人员可以编制实收资本内部控制制度调查表，来对企业实收资本内部控制制度是否存在和遵守的情况进行鉴定。

2. 分析比较实收资本账户余额的变动情况

查账人员应将本期实收资本账户余额的实际数与上期进行比较，将本期实际数与资本预算和现金预算进行比较，通过比较，分析有无异常的情况，并对此作进一步检查。

3. 检查实收资本业务是否合法

判断实收资本业务是否合法，主要是审阅股东会、董事会会议记录，国家的有关法律、法规，政府主管部门有关实收资本业务的文件、批文、营业执照等。

检查实收资本的业务是否合法，包括对出资方式、出资比例、出资期限、出资依据等进行检查。

4. 检查实收资本的真实性

查账人员应将“实收资本（股本）”明细账、有关的资产账户、原始凭证进行核对，检查其是否一致。查账人员应特别注意原始凭证所反映的内容，确认实收资本（股本）并正确核算投入的种类、币种、汇率和投入日期等经济业务事项是否确实存在，必要时对实物资本进行盘点、核对和查询。

5. 检查实收资本的完整性

查账人员除了应检查企业账面上所记载的实收资本是否确实存在，即是否真实外，还应检查企业的实收资本是否都已反映在账簿中，即是否完整。

查账人员应将“实收资本（股本）”明细账、有关的资产账户核对后的余额再与股本的备查账簿和有关的原始文件的记录进行核对，判断企业是否遗漏记录了股本业务。

6. 检查实收资本的计价和会计处理是否正确

投资者投入的企业资本可以是货币资金、非货币资金。检查货币资金出资需检查核对银行进账单、验资报告等，确认股东实际缴存金额与公司章程约定是否一致，汇率折算（如外币出资）按出资当日或约定汇率计算是否准确。在核实计价的基础上，进一步检查相关科目使用与会计分录准确性，对货币出资的，应借记“银行存款”，贷记“实收资本”，若有溢价，贷记“资本公积——资本溢价”。

非货币资产出资可以是实物资产、无形资产和股权出资。对于实物资产（如固定资产、存货）要检查评估报告、发票等，确认计价是否以公允价值为基础，是否经股东各方认可，且不高于评估值。对于无形资产出资，要检查核实评估文件、产权过户手续，确保计价符合合同约定，且无高估或虚假评估的情况。对股权出资，需检查确认股权权属是否清晰，是否按评估值或约定价值入账，并已完成工商变更登记。对非货币资产出资的会计处理的检查，审查其是否计入相应的会计科目，应借记“固定资产/无形资产等（按评估值）”，贷记“实收资本”。若资产价值超过认缴资本，差额计入“资本公积”。除此之外，还需检查记账凭证与原始凭证（如验资报告、资产移交清单）是否一致。

二、资本公积的检查

（一）资本公积的错弊

1. 账户内容不完整，将应作为资本公积的内容未列入资本公积

实例分析如下：为调节利润，将资本公积业务计入营业外收入。

（1）发现疑点。查账人员在检查某企业“营业外收入”有关明细账时，发现其中一笔业务摘要为“接受捐赠 5 000 元”，记账凭证为 205#。查账人员怀疑会计人员错记本笔业务，有调节利润的嫌疑。

（2）跟踪调查。在调阅了 205#记账凭证后，知其会计分录为：

借：银行存款　　　　　5 000

　贷：营业外收入　　　　5 000

所附原始凭证，一为捐赠协议，一为银行存款回执，证明是捐赠款。

（3）问题。会计人员把应作为资本公积的未列入“资本公积”账户，使利润虚增。

（4）调账。查账如果在年度结账前，则作如下调账即可：

借：营业外收入　　5 000

　贷：资本公积　　5 000

如果在年度结账后，还有对所得税的影响问题，如果该企业的所得税税率为 33%，则可作如下调账：

借：以前年度损益调整　3 350

　　应交税费——应交所得税　1 650

　贷：资本公积　　　5 000

2. 账户内容不真实，将不应作为资本公积的内容列入资本公积

实例分析如下：无法支付的负债，列入盈余公积。

（1）存在的问题。某企业 2005 年 11 月将由于债权方的原因无法支付的应付账款 120 000 元作了如下账务处理：

借：应付账款——X X X单位　　120 000

　贷：盈余公积　　120 000

上述问题表现在应对由于债权方的原因无法支付的有关负债应列作营业外收入，而该企业却列入了盈余公积，这样就漏缴了有关税费及有关款项。

（2）跟踪调查。查账人员应根据“盈余公积”有关明细账户贷方记录的摘要说明及有关内容来发现此类问题的线索和疑点，然后调阅会计凭证，进行账证、证证核对，从而查证问题。

（3）调账。对于查证出的此类问题，应根据其具体形态作出账务调整。如对于上述问题，假设该笔营业外收入形成税后利润后企业可提取盈余公积20%，即16 080元；上缴33%的所得税，即39 600元；应付利润和应交特种基金47%，即37 788元。那么，对此可作如下账务调整：

①借：盈余公积 103 920

　　贷：应交税费——应交所得税　39 600

　　　　应付利润　37 788

　　　　利润分配——未分配利润　26 532

②借：应交税费——应交所得税　　39 600

　　应付利润　　37 788

　　贷：银行存款　77 388

3. 未经批准和办理有关手续的情况下，擅自将资本公积转增资本，有的甚至挪作他用

常见的表现：企业未履行审批程序，未经股东大会决议、未向工商部门办理变更登记，直接将资本公积转入实收资本；企业违规扩大转增范围，将不得用于转增的资本公积项目（如其他资本公积中不能转增的部分）强行转增，或虚构资本公积项目进行转增；将资本公积挪作他用，用于弥补亏损、发放股东分红、支付日常经营费用等非法定用途。

（二）资本公积的检查方法

1. 分析比较资本公积账户余额的变动情况

查账人员应将本期资本公积账户余额的实际数与上期进行比较，将本期实际数与资本预算和现金预算进行比较，通过比较，分析有无异常的情况，并对此作进一步检查。

2. 检查资本公积的形成是否合法

对资本溢价，查账人员应检查企业是否按实际出资额扣除其投资比例所占的资本额计算；对股本溢价，查账人员应检查企业是否按股票发行价格与其面值的差额扣除发行股票的手续费、佣金后的余额计入资本公积。

对于捐赠资本公积，查账人员应检查所捐赠的资产是否办理了移交手续，其计价是否取得了有关单据或评估确认，是否办理了验收手续。

对于法定财产重估增值资本公积，查账人员应检查企业资产重估是否符合法定财产重估的范围且办理了审批手续，评估机构是否具有国家规定的评估资格，评估的方法与评估的结果是否科学合理。

对于外币资本折算差额资本公积，查账人员应检查企业的外币资本折算汇率是否经企业董事会批准并由投资各方认可且载入了企业章程或投资合同，外币资产的折算汇率是否按出资当日的国家外汇牌价或当月 1 日的国家外汇牌价折算。

3. 检查资本公积的使用是否合法

查账人员应检查企业的资本公积是否按规定转增资本；在转增资本时，是否经董事会决定并报工商行政管理机关办理增资手续；实际增资额与批准的数额是否一致；企业有无挪用资本公积的情况，如将资本（股本）溢价用于发放股利，将资本公积用于集体、职工福利等。

4. 检查资本公积的真实性和完整性

查账人员应检查企业接受投资的财产清单、接受捐赠的财产清单、报关单、企业对外投资或对产权变动进行资产评估的有关报告以及办理增资的有关审批文件，并与“资本公积”的总账和明细账进行核对，确定是否账证相符、账账一致。

查账人员可以在对资本公积内部控制制度健全性和有效性评价的基础上，将资本公积内部控制制度薄弱的环节作为进一步检查的重点。

三、盈余公积业务的检查

（一）盈余公积业务的常见错弊形式

1. 账户内容不真实

有些企业为了逃避所得税，将本应该计入当期损益的项目计入盈余公积。常见的做法有将无法支付的应付账款计入盈余公积，将资产盘盈、罚没收入等计入盈余公积。

2. 账户的提取不正确

常见的错弊有：提取的顺序和基数不正确，提取的比例不正确，列支的渠道不正确。

（二）检查账方法

（1）对盈余公积内部控制制度健全性和有效性进行鉴别。查账人员可以编制盈余公积内部控制制度调查表，以对企业盈余公积内部控制制度的存在和遵守的情况进行检查。

（2）分析比较盈余公积账户余额的变动情况。查账人员应将本期盈余公积账户余额的实际数与上期进行比较，通过比较、分析，来确定有无异常的情况，如果存在，还需对此作进一步检查。

（3）检查盈余公积的提取和使用是否符合规定并经过批准。

（4）检查盈余公积的会计处理是否正确。查账人员应检查企业盈余公积是否按照下列规则进行处理：当企业提取法定盈余公积和任意盈余公积时，应借记“利润分配——提取盈余公积”账户，贷记“盈余公积——一般盈余公积”账户；提取公益金时，应借记“利润分配——提取公益金”账户，贷记“盈余公积——公益金”账户；用盈余公积弥补亏损时，应借记“盈余公积”账户，贷记“利润分配——未分配利润”账户；用盈余公积转增资本时，应借记“盈余公积”账户，贷记“实收资本（或股本）”账户。

四、利润分配业务的检查

（一）利润分配业务的错弊

企业的利润分配应包括，实现利润时按一定顺序和标准对利润进行的分配及发生亏损时按一定程序弥补的亏损。根据会计制度规定，利润分配应对税后利润进行分配，所以还应论及有关税后利润的问题。

根据会计制度规定，企业应以营业利润、投资净收益和营业外收支净额所构成的利润总额为基础，按财政部规定增加或扣减有关的收支后，依法缴纳所得税。缴纳所得税后的利润，即为税后利润。在此需要说明以下两个问题：

1. 转移利润错弊

改革开放以来，有许多企业建立了“三产”企业等所属企业，随着股份制的推行，企业和其他企业之间又有交错的投资和被投资的关系。在企业与其他单位的这种投资或被投资关系中，分来的利润用“投资收益”科目核算；分出的投资利益，设“利润分配——应付利润”科目核算。

有些企业利用其所办福利厂、合资厂的免税之机，将企业的利润转移到其所属厂的名下，以达到偷税的目的。如将材料、设备、半成品等无偿转到其附属厂，经过一些加工，再以高价买回，使企业利润转移。查账时会发现企业利润水平无端下降，其所属厂盈利水平异常，且本企业账上盈利虽少却大兴土木，大发奖金，似盈利极好。查账人员对此类错弊应重点检查其有关支出类账，观察其建设项目及奖金、实物等职工收入是否有合理的来源。

2. 利润调整错弊

企业年终结账后发现以前年度会计事项需要调整的，如涉及以前年度损益直接在“未分配利润”明细科目核算，调整增加上年利润或调整减少上年亏损的，借记有关科目，贷记“利润分配——未分配利润”科目；调整减少上年利润或调整增加上年亏损的，借记“利润分配——未分配利润”科目，贷记有关科目。

在实际工作中，存在篡改以前资料，随意调整“利润分配——未分配利润”的现象。查证时，查账人员应注意把调整额和当年的实际额相对比，检查其是否相符；还要核实当年的总账资料或报表资料的真实性，观察检查有关数据及业务的账户，以查清问题。

（二）对未分配利润的检查方法

1. 对未分配利润内部控制制度的健全性及有效性进行检查

查账人员可以编制未分配利润内部控制制度调查表，来对企业未分配利润内部控制制度的存在和遵守的情况进行检查。

2. 分析比较未分配利润账户余额的变动情况

查账人员应将本期未分配利润账户余额的实际数与上期进行比较，分析有无异常的情况，并对此作进一步检查。查账人员还应分析未分配利润账户本年度的变动情况，一般来说，“未分配利润”账户的贷方记录限于从“本年利润”账户转入的净利润，借方记录应为当年经营净损失、分配的股利、提取盈余公积和公益金。对其他变动的记录应作进一步的检查，查账人员还应了解企业有关利润分配的限制性规定，查账人员可以查阅董事会的会议纪要，据以确定利润分配限制的目的和批准情况；如果法律对企业的利润分配作出了限制，应检查企业实际的利润分配是否违反了这些限制性条款。

3. 检查未分配利润的真实性与合法性

由于未分配利润是企业年终结算时当年所实现的利润与已分配的利润在“利润分配”明细账中调整的结果，其计算可以用下列公式表示：

年末累计未分配利润=上年末累计未分配利润+本年全年实现净利润-本年已分配利润

本年已分配利润=被没收财产损失和滞纳金及罚款+弥补以前年度亏损+提取盈余公积和公益金+分配给投资者的利润

因此，查账人员应按上述公式检查其数额的正确性，并对实现利润和利润分配的合法性和真实性进行检查。

第九章 收入、费用和利润的检查

第一节 收入的核算及其检查

一、收入的概念及分类

（一）收入的概念

收入是在日常活动中形成的、会导致所有者权益增加的、与所有者投入资本无关的经济利益的总流入。

（二）分类

1. 根据企业从事日常活动性质的不同

分为：

（1）销售商品收入，是指企业通过销售商品实现的收入。

（2）提供劳务收入。

（3）让渡资产使用权收入。

2. 按企业经营业务的主体不同

分为：

（1）主营业务收入，是指企业为完成其经营目标所从事的经常性活动实现的收入。

（2）其他业务收入，是指企业为完成其经营目标所从事的与经营性活动相关的活动实现的收入。

二、商品销售收入的核算

确认销售商品收入时，应按实际收到或应收的金额，借记“应收账款”“应收票据”“银行存款”等科目，按确定的销售收入金额，贷记“主营业务收入”等科目，按增值税专用发票上注明的增值税税额，贷记“应交税费——应交增值税（销项税额）”科目；同时，按销售商品的实际成本，借记“主营业务成本”等科目，贷记“库存商品”等科目。企业也可在月末结转本月已销商品的实际成本。

（一）商业折扣、现金折扣和销售折让的核算

（1）商业折扣，是指企业为了促进商品销售而在商品标价上给予的价格扣除。按折扣后的金额确定商品收入金额。

（2）现金折扣，是指债权人为鼓励债务人在规定期间内付款而向债务人提供的债务扣除。

商品销售涉及现金折扣的，按扣除现金折扣前的金额确定商品销售收入金额，现金折扣在实际发生时记入当期损益（财务费用）。

（3）销售折让，是指企业因售出的商品的质量不合格等原因，而在售价上给予的减让。

企业已经确认销售商品收入的售出商品发生销售折让的，应当在发生时冲减当期销售商品收入。

（二）销售退回的核算

冲减当期的商品销售收入，将增值税也一并冲回。

三、主营业务收入中的常见舞弊手段

（1）人为改变产品销售收入入账时间。根据规定，企业发出商品，同时

收讫货款或取得索取货款的凭证时，作为销售收入的入账时间。但是有的企业人为地改变入账时间，改变当期计税基数，减少或虚增当期的利润。

（2）通过虚开销售发票弄虚作假。如发票是否一次复写完成，内容是否真实，发票是否合法，有无涂改迹象，是否代开发票。

（3）随意变动记账的销售额，造成当期损益不实。某些企业销售商品时以“应收账款”“银行存款”直接冲减“库存商品”“产成品”，从而造成产品销售收入入账金额不实。

（4）偷税逃税，故意隐匿收入。有的企业在发出商品，收到货款但发票尚未给购货方的情况下，将发货联单独存放，而作为应付款下账，故意隐匿收入。

（5）预收货款提前转作销售收入。

（6）隐匿向预付款单位的商品销售收入。企业向购货单位预收货款后，应当在发出产品时，作实现销售的账务处理。但企业通常在预收购货单位的货款、向购货单位发出商品时，为了调整当期损益，直接记入“分期收款发出商品”而不记“产品销售收入”，从而偷逃税金，转移了利润。

（7）虚构多立客户，调整利润。

（8）销货退回，不入账。不论是本年度销售退回，还是以前年度的销售退回，均应冲减当月销售收入。但在工作中，有些企业为了不影响收入利润，对退回的产品不入账，形成账外物。

（9）销售自制半成品，直接冲减生产成本。企业为了调整损益，将应入库后作销售的半成品，在未入库之前直接从车间发给客户，并将取得的销售收入直接冲减生产成本。

（10）伪造记账凭证，将收入转为损失。企业伪造记账凭证，虚减产品销售收入，将收入转为财产损失计入当年损益。

（11）将销售款直接计入营业外收入。将后补的销售款不正确入账，而转入营业外收入，逃避税金。

(12) 对折扣、折让处理不规范，调整收入。

(13) 利用销售折扣与折让，截留收入纳入“小金库”。

(14) 来料加工节省材料，不做收入。

(15) 工业性劳务，直接冲减成本。

(16) 在建工程领用自制成品，不作销售处理。企业在建工程在领用自制产品时，应视同销售。结算时按产品售价，借记“在建工程”，贷记“产品销售收入”。有的企业为了降低固定资产的造价，在领用自制产品时，不作销售收入处理，而是直接冲减成本。

四、对销售收入的查证

(一) 检查有无利用销售发票舞弊的情况

检查时应注意：是否是税务部门监印的统一发货票，空白发票是否有专人保管，发票的领用存数是否与实际相符、是否连号并装订成册，发票存根有无涂改及其他不正当的情况，作废发票应有份数是否完整、是否加“作废”字样的印章。

(二) 检查有无隐匿销售收入

企业除了产品销售收入外，还有其他销售业务，应注意检查是否全部记入销售收入（或营业收入）账内。比如，有的企业销售材料，直接借记“银行存款”，贷记“材料”；有的企业将应列入产品成本和销售价格内的包装价格，不列作销售收入，而直接抵减成本；还有的企业的各项工程、福利事业使用本企业的商品产品，直接贷记“产成品”，借记“工程成本”或“福利单位费用”而漏记销售收入等。

(三) 检查销售收入是否及时入账，有无账外账

将销售收入通过“应收账款”“应收票据”等科目挂账，而延迟销售收入（或营业收入）的确认。检查的方法：一是进行账表核对，即产品销售收

入或其他业务收入账与会计报表互相核对，看账表是否相符。二是以账核账，一方面，根据成本明细账的完工产品数量核对产成品的入库数量，根据产成品明细账的销售数量，推算销售额，核对销售明细账；另一方面与“银行存款”或“应收账款”予以核对，检查入账是否及时。三是进行检查调账记录核对，即核实年度内其他检查中发现的漏登收入账项，是否已作调账记录，补登产品销售并列入销售账户。

第二节　成本核算中的检查

一、成本的会计核算概述

（一）成本

成本是指企业为生产产品、提供劳务而发生的各项耗费，如材料耗费、工资支出、折旧费用等。

费用是指企业为销售商品、提供劳务等日常活动所发生的经济利益的流出。

为贯彻配比原则，企业应当合理划分成本和期间费用的界限，成本应当计入所生产的产品、提供劳务的成本；期间费用应当直接计入当期损益。

（二）产品成本的内容

产品成本按其经济用途可分为直接材料、直接工资、其他直接支出和制造费用。

（1）直接材料，是指用来构成产品主要部分的材料的成本，包括企业生产经营过程中实际消耗的原材料、辅助材料、备品配件、外购半成品、燃料、动力、包装物以及其他直接材料。

（2）直接工资，是指在生产过程中对材料进行直接加工使其变成产成品的所用人工的工资。

（3）其他直接支出，是指直接从事产品生产人员的职工福利费等支出。

（4）制造费用，是指在生产过程中发生的那些不能归入直接材料、直接工资、其他直接支出的各种费用。

二、常见舞弊形式与检查

（一）直接生产费用的常见舞弊形式与检查

1. 将不属于产品成本负担的费用支出列入直接材料费等成本项目

直接材料费是指在生产过程中直接用于构成产品实体的各种材料的成本，仅包括生产产品直接耗用的原材料、辅助材料、外购半成品、燃料及动力等，直接材料需与采购合同、领料单对应。

在实践中，一些企业将非生产性费用计入成本，将管理部门的办公费、差旅费、业务招待费等计入“直接材料”或“制造费用”；把销售部门的广告费、运输费等营业费用，违规分摊至产品成本；购入固定资产、无形资产的支出，未通过“在建工程”“固定资产”等科目核算，直接计入材料采购成本；研发支出中不符合资本化条件的部分，违规计入产品生产成本；企业筹建期的开办费、汇兑损益、财务费用等，未计入“管理费用”或“财务费用”，而计入生产成本；非生产用的水电气费、折旧费计入车间制造费用。

2. 将不属于本期产品成本负担的材料费用支出一次全部列作本期成本项目

企业成本核算应遵循权责发生制和配比原则，不属于本期产品成本负担的材料费用，比如属于下期或其他期间的费用，一次全部列作本期成本，会导致本期成本虚增、利润虚减，同时下期成本可能虚减、利润虚增，影响成本信息的真实性和各期成本的可比性。

检查方法：审阅产品成本计算单，发现直接材料费成本项目有的月份高，有的月份低，从而可以发现疑点。根据成本“直接材料费”项目忽高忽低的现象，进一步查阅生产统计报表，扣除由于产量的变动造成材料成本的高低变化，随后到材料库查询有关材料明细账，经调查后确定问题。

3. 将对外投资的支出记入成本、费用项目中

审阅银行存款日记账，根据银行存款日记账的摘要栏记录的字样——单位的大宗汇款，再进一步调阅凭证，取得凭证后，再调查、查询该笔汇款是否是汇来的投资收益，确定问题。

4. 将应属于成本项目费用支出列入其他支出中

检查“在建工程”明细账，发现工程造价超过工程预算比较多，应调查修理费的处理方式，根据调查结果，进一步审阅“待摊费用”明细账或“预提费用”明细账，确定问题，并作调整。

5. 将应由福利费开支的费用列入成本项目

审阅工资计算单及工资费用分配表，检查费用开支标准是否合理，再审阅工资费用分配表，确定问题，并进行调整。

6. 将回收的废料收集起来，不去冲减当月的领料数，而作为账外物资处理

进行实地盘点，了解账外物资的情况。

（二）制造费用的舞弊形式与检查

1. 将不属于制造费用内容的支出列作制造费用

检查：（1）审阅制造费用明细账；（2）审阅制造费用计划，若费用超支较多，可怀疑有错把不该列入制造费用的支出列入了制造费用项目的情况；（3）审阅“在建工程”明细账、工资费用分配表，确定费用支出的实际业务内容；（4）进行核对、综合分析，确定问题，并作调整。

2. 将属于期间费用的支出列作制造费用

检查制造费用明细账，根据账中的摘要记录，确定费用支出的实际内容，经调阅、查询记账凭证，确定问题，并作调整。

3. 将不属于当月列支的费用列入当月制造费用

检查制造费用明细账中摘要的文字记录，确定支付的实际业务的经济内容，再与有关原始凭证核对，确定问题，并作出调整。

4. 将属于制造费用列支的费用未列作制造费用

检查“在建工程”“递延资产”“无形资产”等有关明细账时，发现疑点或线索，根据核对原始凭证，调查了解该项经济业务的具体内容，并作调整。

5. 任意提高费用开支标准，加大成本的制造费用项目

审阅“累计折旧”明细账时，如发现某月提取的折旧额有变化，就带着这个问题去进一步检查固定资产总账及有关明细账，确定提取的折旧额的变化是因为设备增减造成的，还是因为折旧方法、折旧率变化所致的，确定其问题，并作调整。

(三) 在产品成本核算内容的舞弊形式与检查

1. 将不属于在产品成本的费用，记入在产品成本

根据生产科报送的生产统计报表，了解在产品的加工情况，审阅生产成本计算单，确定问题，并作调整。

2. 将属于在产品成本的费用，不记入在产品成本

审阅生产成本计算单或明细账，检查完工产品与在产品费用的分配方法，然后再计算原材料成本占总成本的比重，即可确定问题，并作调整。

3. 将在产品的完工程度有意估计过低

审阅生产成本计算单或明细账时，核实在产品的实际完工程度，进一步审阅各工序完工率的测算，判断完工程度的计算是否有意压低，确定问题，并作调整。

4. 虚拟在产品数量，增加在产品的成本

审阅“在产品收发结存账”，根据该账记录与实物进行核对。

(四) 产成品成本核算的舞弊形式与检查

1. 在产品成本核算中，有意加大产成品成本

查证措施：审阅自制半成品的明细账，在审阅过程中发现有关产品的自制半成品的明细账期末余额为红字，需进一步查询，确定问题。

2. 把新开发的产品试制费，记入到产成品的成本中，加大产成品成本

审阅生产计划，发现有新产品试制，再进一步检查新产品试制计划及成本计算单，经查询、落实后，确定问题。

（五）期间费用的舞弊形式与检查

期间费用主要包括管理费用、营业费用、财务费用三个类别。

管理费用是指企业行政管理部门为组织和管理生产经营活动而发生的费用。

营业费用是指企业在销售产品、提供劳务等日常经营过程中发生的各项费用以及专设销售机构的各项经费，包括：运输费、装卸费、包装费、保险费、广告费、业务费，以及为销售本公司商品而专设的销售机构的职工工资及福利费等经常性费用。

财务费用是指企业为筹集生产经营所需资金等发生的费用，包括利息支出（减利息收入）、汇兑损失（减汇兑收益）以及金融机构手续费等。

期间费用的常见舞弊主要有以下几种情况：

1. 混淆生产成本与期间费用及支出的界限

检查各种期间费用明细账、支出明细账，以及“生产成本”“制造费用”明细账，发现线索，必要时调阅有关会计凭证作进一步查证，也可通过查阅有关存货明细账贷方记录及摘要发现疑点。

2. 任意扩大开支范围、提高开支标准

检查有关期间费用明细账记录并对照有关制度规定，采用抽查法、核对法进行查证；也可以通过对比前后各期及与以前年度同期的费用水平，看其有无波动，原因是什么。

3. 利用报销费用、开支，采取多种方式进行经济犯罪

检查有关费用、支出明细账、“现金”及“银行存款”日记账，特别应注意对原始凭证的审核。示例说明：利用虚假报销，骗取公司资产。

查账人员在2006年12月1日检查XX公司“管理费用”明细账时，发

现一笔2006年7月该公司采购部张某的报销差旅费1万元。因为金额较大，查账人员怀疑张某利用假报销骗取公司资产。

查账人员调阅此笔报销的记账凭证和原始凭证，发现报销时间为2006年6月10日，凭证为现付字30#，金额为1万元。检查人员调阅该凭证，其记录为张某报销深圳差旅费，并有部门领导的签字。

查账人员决定追踪调查，在询问会计主管时，会计主管以忘了此事推辞；在询问部门负责人时，发现并没有派张某出差一事，进而核对笔迹，与该部门领导的签字有差异，查账人员认为此签字必定是假冒。查账人员又询问会计主管，会计主管以审核不慎将现金报销给张某作为解释。

查账人员对调查结果进行分析，认为张某报销大额差旅费，不可能不认真审核。会计主管与张某可能有某种特殊关系，经调查，张某与会计主管是亲戚关系。在最后调查张某时，张某承认借用公款1万元用于个人开办的小卖部。

会计主管利用职务之便，放弃监督的职责，为他人骗取公司资产打开方便之门，属于严重的渎职行为，查账人员责令张某立即返还公款并处以罚款。在事实面前，会计主管对上述问题供认不讳，并同意接受处罚。作如下会计分录：

借：现金

　贷：其他应收款——张某

　　营业外收入——罚款

4. 虚列有关费用和支出，人为降低利润水平

检查有关的费用支出明细账，特别要检查原始凭证和记账凭证，了解该业务是否真实。

5. 私分商品或将产品、商品出售后作为“小金库”，其成本转入支出、费用账户

检查原始凭证，走访当事人，也可以从检查有关明细账摘要内容等发现

疑点。

6. 外币业务较多的企业，利用“汇兑损益”账户人为地调节利润水平

检查各外币账户明细账的有关记录并将其与人民银行公布的市场汇率及开户银行挂牌汇率相核对，核实所有汇率是否正确真实，有无随意调节利润的现象。

第三节　利润与分配过程检查

一、利润及其构成

（一）利润的内容

利润是指企业在一定会计期间的经营成果。利润包括收入减去费用的净额、直接计入当期利润的利得和损失等三方面的内容。

（二）利润的构成

利润的构成可分为三个层次：营业利润、利润总额和净利润。

各层次的构成内容及关系可用计算公式表示如下：

1. 营业利润

营业利润=营业收入-营业成本-税金及附加-销售费用-管理费用-研发费用-财务费用-资产减值损失+公允价值变动收益（-公允价值变动损失）+投资收益（-投资损失）

2. 利润总额

利润总额是企业在缴纳所得税之前实现的利润，也称为税前利润。

利润总额=营业利润+营业外收入-营业外支出

3. 净利润

净利润是企业的税前利润（利润总额）扣除所得税费用后的余额，也称为税后利润。

净利润=利润总额-所得税费用

二、净利润及其分配

（一）净利润的核算

净利润的核算方法有账结法和表结法两种。

账结法，是指每月月末，企业将所有损益类账户的余额转入“本年利润”科目进行核算的方法。

表结法，是指平时（1 月至 11 月末）不结转损益类账户余额，只在年末（12 月份）才将损益类账户全年累计余额转入“本年利润”科目。

表 2　奇星公司 2017 年末有关损益类账户余额（单位：元）

科目名称	贷方余额	科目名称	借方余额
主营业务收入	1 000 000	主营业务成本	429 000
其他业务收入	100 000	其他业务成本	60 000
投资收益	120 000	税金及附加	40 000
公允价值变动损益	60 000	销售费用	20 000
营业外收入	10 000	管理费用	30 000
		财务费用	6 000
		营业外支出	5000

该企业采用表结法核算利润，所得税率为 33%，奇星公司编制会计分录如下：

（1）结转各项收入、利得。

借：主营业务收入　1 000 000

　　其他业务收入　　　100 000

　　投资收益　　　　　120 000

　　公允价值变动损益 60 000

营业外收入　　　　10 000

贷：本年利润　　1 290 000

（2）结转各项费用、损失。

借：本年利润　590 000

贷：主营业务成本　429 000

其他业务成本　　　60 000

税金及附加　40 000

销售费用　20 000

管理费用　30 000

财务费用　6 000

营业外支出　5 000

（3）计算确认所得税 231 000 元。

借：本年利润　231 000

贷：所得税费用　231 000

（4）将“本年利润”科目余额 469 000（1 290 000−590 000−231 000）元转入“利润分配——未分配利润”科目。

借：本年利润　　　469 000

贷：利润分配——未分配利润　469 000

结转后，“本年利润”科目无余额，年度税后净利润为 469 000 元。

（二）利润分配的核算

企业的税后利润分配内容包括用于弥补以前年度亏损、提取盈余公积和向投资者（股东）分配利润（现金股利）。

1. 盈余公积补亏的会计处理

如果用盈余公积弥补亏损，则需作账务处理，借记“盈余公积”科目，贷记“利润分配——盈余公积补亏”科目。

2. 提取盈余公积的会计处理

为核算和监督盈余公积的形成和使用情况，企业应设置“盈余公积”账户，核算企业从净利润中提取的盈余公积。该账户属于所有者权益账户，贷方登记盈余公积的增加数额，借方登记盈余公积的减少数额，期末余额在贷方，反映企业期末盈余公积的实有数额。“盈余公积”账户应当分别对“法定盈余公积”“任意盈余公积”进行明细核算。

提取盈余公积。企业按规定提取盈余公积时，借记“利润分配——提取法定盈余公积、提取任意盈余公积”账户，贷记“盈余公积——法定盈余公积、任意盈余公积”账户。

3. 向投资者分配利润的会计处理

如某股份有限公司分配者宣告分派股利时，作如下处理，借记“利润分配——应付股利”科目，贷记“应付股利”科目；支付股利时，借记“应付股利”科目，贷记“银行存款”科目。

三、利润核算环节的常见舞弊及检查

（一）年末损益类账户未如实结转至“本年利润”账户，还有不应有的余额

检查总账，检查各损益类账户是否存在不正常余额；发现疑点，应直接询问有关人员，确证问题，对“所得税”和“本年利润”科目进行调整。

（二）“其他业务支出”科目的结转不正确

核查“其他业务支出”的总账，看是否留有借方余额；检查其明细，如果留有借方余额，应首先查证该余额属于什么类型的项目。

（三）本年利润的形成包含其他非利润的形成因素

检查净利润形成的会计凭证，检查对方科目是否都属于前述损益类账户，是否存在不正常情况，发现疑点后再与会计主管人员核实，从而确定本年净利润的多计或少计额。

举例：查账人员在检查某企业“营业外收入”有关明细账时，发现其中一笔业务摘要为“接受捐赠5 000元”，记账凭证为205#。查账人员怀疑会计人员错记本笔业务，有调节利润的嫌疑。

在跟踪调查调阅了205#记账凭证后，知其会计分录为：

借：银行存款　　　　5 000

　贷：营业外收入　　　　5 000

所附原始凭证，一为捐赠协议，一为银行存款回执，证明却为捐赠。

问题是会计人员把应作为资本公积的未列入“资本公积”账户，使利润虚增。

查账如果在年度结账前，则作如下调账即可：

借：营业外收入　　　5 000

　贷：资本公积　　　5 000

如果在年度结账后，还有对所得税的影响问题，如果该企业的所得税税率为33%，则可作如下调账：

借：以前年度损益调整　3 350

　　应交税费——应交所得税　1 650

　贷：资本公积　　　　　　　5 000

（四）各月净利润的计算不正确

检查总账各损益类科目，根据形成净利润的各科目的月末余额逐月加以复核，发现错误再进行有关调整。

四、利润分配环节的会计舞弊及查证

（一）利润分配顺序不正确

检查核对企业利润分配的会计凭证，根据本年转入的净利润额，按正确分配顺序逐项计算核对，发现问题后再找有关人员核实，确定问题的性质和严重程度，进行有关账项调整。

（二）亏损弥补不正确

主要是将税后利润弥补的亏损计入了税前利润，从而影响应纳所得税及净利润的正确计算。

检查净利润形成的会计凭证，如果有用税前利润弥补亏损的情况，再追踪审计；调阅以前年度的有关报表或总账，了解亏损形成及弥补情况，推算是否超过规定的可以用税前利润弥补的期限；核实确定后，再进行有关利润形成和分配的账项调整。

（三）向投资者分配的利润不真实、不正确

分出利润所依据的投资协议不合理或已失效；多分或少分了投资者利润；账务处理上计入净利润形成而不是净利润分配，从而影响所得税的正确计算等。

检查方法：根据当年的资料判断应否向投资者分配利润；审阅实收资本明细账，查明外部投资的真实性；调阅投资协议，核实投资协议的合理性、有效性，了解有关利润分配的规定；根据有关协议与利润分配的会计凭证相核对，确定向投资者分配利润的真实与否，发现问题后向有关部门及外部有关投资者查询、确证；确定问题的性质及其严重程度，进行有关的账项调整。

（四）法定盈余公积金的提取金额不正确

检查方法：检查“盈余公积金”账户，了解是否提取了法定盈余公积金；如果未提取，应计算法定盈余公积金是否已超过资本总额的50%；如果已提取，应按规定的分配顺序和标准计算提取额是否正确；发现问题后立即核实确证，并进行有关调整。

举例：某企业2005年11月将由于债权方的原因无法支付的应付的账款120 000元作了如下账务处理：

借：应付账款——X X单位　　120 000

　贷：盈余公积　　120 000

上述问题表现在应对由于债权方的原因无法支付的有关负债列作营业外收入，而该企业却列入了盈余公积，这样就漏缴了有关税利及有关款项。

查账人员应根据“盈余公积”有关明细账户贷方记录的摘要说明及有关内容来发现此类问题的线索和疑点，然后调阅会计凭证，进行账证、证证核对，从而查证问题。

对于查证出的此类问题，应根据其具体形态作出账务调整。如对于上述问题，假设该笔营业外收入形成税后利润后企业可提取盈余公积20%，即16 080元；上缴33%的所得税，即39 600元；应付利润和应交特种基金47%，即37 788元。那么，对此可作如下账务调整：

（1）借：盈余公积 103 920

贷：应交税费——应交所得税　39 600

应付利润　37 788

利润分配——未分配利润　26 532

（2）借：应交税费——应交所得税　39 600

应付利润　37 788

贷：银行存款　77 388

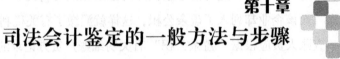

第十章
司法会计鉴定的一般方法与步骤

第一节　司法会计鉴定的概念和特征

一、司法会计鉴定的概念

司法会计鉴定是指在诉讼中，为了查明案情，由具有司法会计专门知识的人，对案件需要解决的财务会计专门性问题进行鉴别和判断，并提供鉴定意见的活动。

二、司法会计鉴定的特征

（一）司法会计鉴定活动是一种诉讼活动

根据我国相关法律规定，鉴定人具有诉讼参与人的法律地位。因此，司法会计鉴定是基于诉讼活动而产生的，是受司法机关的委托对涉案的财务会计专门性问题进行鉴定的活动。实践中，在刑事、民事、行政诉讼中才存在司法会计鉴定，才需要依照相关法律规定组织、实施司法会计鉴定活动。诉讼之外的会计鉴定不属于司法会计鉴定。

（二）司法会计鉴定的目的是帮助司法机关查明案情

当诉讼中涉及财务会计事实的案情需要查明时，为弥补司法机关办案主体财务会计知识的不足，往往需要委托司法会计鉴定人对相关财务会计专门性问题进行鉴定，鉴定人根据委托人提请鉴定的具体财务会计专门性问题，通过对相关财务会计检材实施鉴定活动，出具相应的司法会计鉴定意见，帮助司法机关查明涉及财务会计事实的案情。司法机关办案主体通过对司法会计鉴定意见的审查，判断它与需要查明的案情的关系，将其准确地运用于诉讼活动中，保障诉讼顺利进行。

（三）司法会计鉴定主体是具有专门知识的人

根据《全国人民代表大会常务委员会关于司法鉴定管理问题的决定》第4条的规定，从事司法鉴定“有专门知识的人”是指具备下列条件之一的人员：具有与所从事的司法鉴定业务相关的高级专业技术职称；具有与所从事的司法鉴定业务相关的专业执业资格或者高等院校相关专业本科以上学历，从事相关工作5年以上；具有与所申请从事的司法鉴定业务相关工作10年以上经历，具有较强的专业能力。因故意犯罪或者职务过失犯罪受过刑事处罚的，受过开除公职处分的，以及被撤销鉴定人登记的人员，不得从事司法鉴定业务。

虽然司法会计鉴定业务目前还未纳入鉴定人登记制度，但聘请或指派鉴定人时应符合上述要求。司法会计鉴定师、注册会计师、高校相关教学科研人员作为鉴定人也应当满足上述要求。

（四）司法会计鉴定的对象是诉讼中的财务会计专门性问题

财务会计专门性问题包括财务问题和会计问题两类。作为司法会计鉴定对象的财务问题是指诉讼中涉及的财务方面的问题，即诉讼涉及的资产价值、财务往来、收入、支出、损益等问题；作为司法会计鉴定对象的会计问题是指诉讼中涉及的会计方面的问题，即诉讼涉及的账务处理、记账、会计报表的编制、账务核对等问题。

在诉讼中，不是所有的涉案财务会计资料都需要鉴定，财务会计资料能直接呈现或通过办案人员自身就能查明的，不需要进入鉴定程序。作为司法会计鉴定对象的财务会计专门性问题，需要鉴定人运用司法会计的技术和原理，依照相关标准，通过核算、审查、比对、推导等方法才能揭示这些财务会计资料与案件事实的内在联系。因此，司法会计鉴定的范围一般为：资产应结存额及结存差异的确认，财务往来账项的确认，经营损益、投资损益的确认，会计处理方法及结果的确认，其他需要经过检验分析财务会计资料确认的财务会计问题。

（五）司法会计鉴定的任务是对案件需要解决的财务会计专门性问题进行鉴别和判断，并提供鉴定意见

对案件性质的定性、对涉案人行为是否涉嫌犯罪等法律问题和涉案事实的认定由办案机关负责查明，司法会计鉴定人只对委托的鉴定事项出具专门的鉴定意见。

（六）司法会计鉴定依据的检材只能是相关财务会计资料以及能够证明经济业务发生或结果的其他相关材料

证人证言、当事人陈述、犯罪嫌疑人的供述和辩解等言词证据以及来自其他单位的审计报告等非财务会计资料均不能作为检材。

第二节　司法会计鉴定的理论基础和任务

一、司法会计鉴定的理论基础

司法会计鉴定的理论基础有会计原理、会计准则、记账方法、规则等以及相关法律法规。但纵观其鉴定过程及应用，会计的基础理论是送检人提出适当的鉴定事项、审查和运用司法会计鉴定意见的基础，是准确运用司法会计鉴定意见的不可或缺的能力。（详见第一章第二节）

二、司法会计鉴定的任务

司法会计鉴定的基本任务是司法会计鉴定人运用专门的知识与方法，通

过分析案件所涉及的财务会计资料及相关证据，研究并解决诉讼主体提请鉴定的财务会计专门性问题，提供科学的鉴定意见。具体鉴定任务如下：

（1）明确鉴定目的，协助委托人确定与鉴定目的相对应的鉴定事项。司法会计鉴定的目的是查明诉讼涉及的财务会计事实方面的案情。常见的司法会计鉴定目的如下：查明犯罪事实、界定经济纠纷责任、确定资产价值和核实税务问题等。提出准确的鉴定事项是实现鉴定目的的基本要求，但委托人通常缺乏相关专业能力难以提出和鉴定目的相匹配的鉴定事项要求。因此，这就需要鉴定人协助委托人确定适当的鉴定事项，要与委托人充分沟通，了解案件背景和委托人需求，依据司法会计鉴定的范围和相关规定，将鉴定目的细化为具体可操作的鉴定事项；同时要注意避免鉴定事项超出鉴定机构的资质和能力范围，要避免涉及对法律问题的直接判断，因为对法律问题的判断或案件事实认定不属于鉴定事项范围。

（2）提取、分析检材，为实现鉴定任务奠定基础。分析案件所涉及的财务会计资料及相关证据，提取实现鉴定事项所需检材，对检材所反映的财务会计活动的内容进行量化分析，获取鉴别、确认涉案财务会计专门问题所需的财务会计信息。司法会计鉴定人运用司法会计鉴定的原理、财务会计标准、相应的鉴定方法对相关财务信息进行分析研究，为实现鉴定任务奠定基础。

（3）提供证据，出具鉴定意见书。在进行检验、鉴别、分析的基础上，依据充分的司法会计鉴定资料，通过严谨的逻辑论证，对司法机关提交鉴定的财务会计专门性问题提出结论性意见，并制作相应的鉴定文书，作为司法机关侦查、审理案件的证据。

第三节　司法会计鉴定的方法和步骤

一、司法会计鉴定方法

司法会计鉴定的方法是指鉴定人对委托方提出需要解决的财务会计专门

性问题进行鉴别和判断所采用的方法。在司法会计鉴定实践中，常用的鉴定方法有比对鉴别法和平衡分析法两种。另外，在实践中根据不同的情况还具体运用一些如因素递增法、范围限法、排因法、还原法等司法会计鉴定技巧。

（一）比对鉴别法

比对鉴别法，是指以正确的财务会计处理方法及处理结果作为对照客体，将其与检材所记载的需要鉴别分析的财务会计处理方法及处理结果进行比较、对照，鉴别、判定检材中所反映的财务会计处理方法及处理结果是否正确和真实的一种司法会计鉴定方法。比对鉴别法，是以财务会计处理方法的特定性作为鉴定原理的一种司法会计鉴定方法，财务会计的处理方法对同一财务会计适用对象是同样的。因此，鉴定人根据鉴定资料中有关财务会计业务的内容，依照有关财务会计处理的技术标准和会计操作规范制成参照客体，同时，将需要鉴别的检材中所体现的财务会计处理方法及处理结果设定为比对客体，将二者进行比较，二者如果一致，则可判定鉴定资料中所体现的财务会计处理方法及处理结果是正确的或真实的；二者如不一致，则可判定鉴定资料中所体现的财务会计处理方法及处理结果是错误的或虚假的。

（二）平衡分析法

平衡分析法，是指根据资金或数据的量的平衡关系，通过验证平衡，确认或推导某项资金或数据客观情况的一种司法会计鉴定方法。

平衡分析法是运用质量守恒定律，以资金运动的规律和反映资金运动规律的量的平衡关系作为鉴定原理的一种司法会计鉴定方法。基于资金之间及相关数据之间具有客观的平衡关系，鉴定人可以将需要推导和确认的某项资金量或某一数据确定为分析量，同时，将与分析量有关的其他资金量或数据设定为参照量，通过量的平衡关系及会计平衡等式，即可以根据已知的参照量的量值计算或推导出分析量的量值，并据以分析和证明相关鉴定事项的情况。比如“收入-费用=利润”是永恒不变的数额平衡等式，如果已知其中两个数额，就能计算推断出另一未知数额。

二、司法会计鉴定的步骤

（一）鉴定准备

1. 了解案情，初步分析鉴定的可行性

首先，鉴定人要了解案情，分析案件中有无必须通过鉴定所要解决的财务会计专门性问题，判断案件有无进行司法会计鉴定的必要。其次，考察进行司法会计鉴定的可行性，即该案是否具备司法会计鉴定的主观、客观条件。

2. 审查检材

审查送检的检材是否客观、真实、可靠，这是保障司法会计鉴定得以顺利进行和保证鉴定结论客观真实的前提。司法机关必须确认所送检材的真实可靠性，检材必须是经过双方当事人质证过的。同时，审查提供的检材必须完整、充足。司法会计鉴定意见必须在完整、充足的检材的基础上才能作出，没有充足、完整的检材，鉴定就不能进行或无法进行。鉴定人可以在委托人在场的情况下协助其提取补充检材。

3. 审查鉴定事项

鉴定事项是司法机关提出的鉴定要求，应当是诉讼案件所需要解决的财务会计专门性问题的具体要求。司法机关在提出和表述司法会计鉴定要求时，通常提出确定案件性质及如何适用法律等问题，这些问题应由司法机关解决，而不应作为鉴定要求向鉴定人提出。鉴定人在受理时，可针对案件的具体情况，提出修正鉴定事项，以帮助送检人提出明确、具体的鉴定事项，以利于鉴定工作的顺利进行。

4. 准备司法会计鉴定有关标准

司法会计鉴定有关标准是进行司法会计鉴定的依据，必须根据鉴定事项收集相关标准，包括收集相关法律、法规、鉴定原理、会计准则、法律法规、会计记账方法和规则、相关计算公式等。

5. 办理鉴定手续

对经审查可以受理的司法会计鉴定请求，鉴定机构和送检人签订相关鉴定协议，办理相关鉴定手续。

（二）初步检验阶段

初步检验阶段，是指司法会计鉴定人通过阅读卷宗，检测检材质量，作出初检意见，并据此制定详细检验论证方案。初检意见的内容，一般包括两方面：一是针对是否能够继续进行鉴定的问题所作的结论；二是针对鉴定事项作出的初步鉴定意见，初步鉴定意见一般是推测性意见。对是否继续鉴定问题，作出下列处理：认为已有检材质量可靠充分，决定继续进行鉴定的，随后要制定详细检验论证方案，包括鉴定标准、鉴定论证思路和后续检验的工作步骤及内容；需要补充检材的，要求送检人补充后再继续鉴定；如果补充检材后确实达不到鉴定要求的，做出“终结鉴定通知书”，说明理由，送予送检人。

（三）详细检验阶段

一个鉴定事项往往需要分解为多个检验分析项目才能完成。详细检验阶段，是指司法会计鉴定人根据详细检验论证方案，采用具体的方法，按照各检验分析项目的具体要求，通过深入细致的检验、分析和鉴别，分别作出具体的鉴别分析意见的司法会计鉴定过程。

详细检验的步骤，从总体上讲应该按照详细检验论证方案确定的检验分析项目及检验论证顺序进行，一般具体步骤如下：

一是检验检材，即对该检验分析项目所涉及的检材进行具体的检验。

二是提出鉴别分析意见，即根据该检验分析项目的检验结果及检验分析的目的要求，作出具体的鉴别分析意见。

（四）制作司法会计鉴定意见

这一阶段主要包括作出司法会计鉴定意见结论、制作司法会计鉴定书和鉴定收尾工作。

1. 作出司法会计鉴定意见结论

司法会计鉴定意见，是司法会计鉴定人就司法机关提请鉴定的财务会计专门性问题所作的结论性意见。司法会计鉴定人对各个检验分析项目进行详细检验论证后，汇总鉴别各个检验分析项目的分析意见，形成对提请鉴定事项的鉴定意见。

2. 制作司法会计鉴定书

司法会计鉴定人在作出鉴定意见结论后，应当制作司法会计鉴定书，司法会计鉴定书是指司法会计鉴定人在鉴定结束时制作的主要载明鉴定过程、论证分析过程及鉴定意见的书面文件。司法会计鉴定书既是鉴定意见的书面载体，又是一种证据形式，鉴定意见的结论必须与鉴定事项相对应，即只能回答要求鉴定的问题，切忌答非所问。鉴定书需要至少两位鉴定人签字，鉴定书后须附上鉴定人执业资格证书、执业单位许可证书、检材复印件、有关鉴定汇总表等。

3. 鉴定收尾工作

鉴定结束后，做好相关归档工作，以备查询和作出庭准备，将送检的材料原件及时归还委托人。

司法会计鉴定书举例：

司法会计鉴定书

X 检技鉴〔2006〕第 3 号

根据 XX 县人民检察院〔2005〕第 34 号《委托鉴定书》，受本院检察长指派，对 XX 章韵棉纺织公司煤气站站长王 XX 涉嫌贪污一案涉及的财务会计问题进行司法会计鉴定。

鉴定事项：确认 XX 章韵棉纺织公司煤气站 2003 年 12 月 30 日库存现金应结存额与实际结存额是否相符。

2005年12月25日至2006年1月8日，在XX章韵棉纺织公司审计处办公室，对本案涉及的下列财务会计资料进行了检验：

1. XX章韵棉纺织公司煤气站（以下简称章韵公司煤气站）2002年9月至2003年12月反映现金收支情况的活页账（以下简称“现金账”）；

2. 部分现金收款收据；

3. 现金业务记账凭证及附件；

4. 章韵公司煤气站2003年12月30日的资产清查表；

5. 相关财务会计资料证据。

一、检验

对章韵公司煤气站2002年9月至2003年与现金收支有关的财务会计资料进行了检验。检验现金账确认，该账簿于2002年9月启用，无期初余额；2003年12月30日账面余额为8，112.40元。

（一）检验章韵公司煤气站所登记的现金账借方发生额及送检的部分收款收据发现：

1. 现金账2002年11月10日登记收入8，180元，所依据的254709#收据所列煤气收入计1，080元，已于2002年10月26日记账，重记收入1，080元；

2. 现金账2003年3月26日登记收入28，000元，但其记账依据为《“充气”证明》，系无据记账业务；

3. 经验证发现，该站2003年4月6日开出的25743#收款收据收款828元，未记账；

4. 经验证发现，该站2003年8月1日开出的28615#收款收据收款525元，未记账；

5. 经验证发现，该站2003年8月1日开出的28614#收款收据收款522元，未记账；

6. 经验证发现，该站2003年6月30日收到储蓄利息收入916.91元，未记账。

（二）经验证发现，章韵公司煤气站2002年9月至2003年共购进煤气8，281罐，已记账销售数7，828罐，尚有453罐因收款收据不全，无法确认收款情况，涉及销售收入9，915元（详见附件一）。

（三）经验证，章韵公司煤气站2003年4月30日购进煤气罐30个，因收款收据不全，无法确认收款情况，购进价值为4，980元。

（四）经检验上述期间的煤气罐采购凭证发现，该站于2002年9月从煤气公司购进带气煤气罐655罐，因送检资料不全，无法确认章韵公司煤气站是否已将这些气罐所带煤气销售并收取款项。该煤气销售单价为20元，涉及销售金额为13，100元。

（五）经验证，章韵公司煤气站2003年1月6日借给本公司财务处现金12，000元未记账（详见该厂财务处2003年1月第4号收款记账凭证及附件）。

（六）经验证，章韵公司煤气站2003年3月5日借给本公司鸿盛商店现金3，000元未记账（详见该厂鸿盛商店2003年3月第5号记账凭证及附件）。

（七）经检验2003年11月30日付款记账凭证及附件发现，该凭证列支现金42，587.60元并已记账，其中33，000元列账依据为《“充气”证明》，系无付款票据。

（八）经检验2003年12月34，264.50元付款记账凭证及附件发现，该凭证中列支26，000元款项的列账依据为《“充气”证明》，系无付款票据。

（九）经检验2003年12月列账总额为10，278.78元的付款记账凭证及附件发现，该凭证中列支的1，073.50元未附支出凭证，系无付款票据。

（十）经检验2003年12月列账总额为10，287元的付款记账凭证及附件发现，该凭证中列支的8，056.23元列账依据为由XX县XX建筑公司油漆粉刷队2004年6月13日开出的0866#发票。

（十一）经计算，章韵公司煤气站原账面收入现金577，107元，支出现金568，994.60元，其差额与原账面余额8，112.40元相符。

（十二）送检的章韵公司煤气站1993年12月资产清查表记载现金库存

额35，039.17元（其中银行存折30，000元）。

二、论证

（一）收入错账调整原理：

现金收入额=原账面收入额-重记收入额-无据记账额+收入未记账额根据检验第（一）、（十一）项检验结果：

现金收入额=577，107元-1，080元-28，000元+（828+525+522+916.91）元=550，818.91元。

根据第（二）、（三）、（四）项检验结果，章韵公司煤气站1993年底以前尚有（可能为）销售收入的款项未记账，因检材不足，无法确认，故本鉴定结论所确认收入额中暂不包含尚未确认的收入额（如实际存在未记账的收入账项，则应调增收入总额及现金账户余额）。

（二）支出错账调整原理：

实际支出额=原账面支出额+支出未记账额-无据记账额-不属本期支出额

根据检验第（五）至（十）项检验结果：

实际支出额=568，994.60元+（12，000+3，000）元-（33，000+26，00+1，073.50）元-8，056.23元=515，864.8元。

（三）现金应结存额=实际收入额-实际支出额

根据前述论证结果：

现金应结存额=550，818.91元-515，864.8元

=34，954.04元（详见附件二）。

（四）章韵公司煤气站2003年12月30日现金应结存额34，954.04元较第（十二）项检验所列现金实际结存额35，039.17元少85.13元，即长库85.13元。

三、鉴定结论

根据对章韵公司煤气站2002年9月至2003年12月部分财务会计资料检

验结果确认：

该煤气站2003年12月30日库存现金应结存额与实际结存额不符，现金应结存额为34，954.04元，实际结存额为35，039.17元，长库85.13元。

上述结论不包括章韵公司煤气站2003年底以前可能已发生的煤气及煤气罐销售收入，如存在这类收入账项，则应调增现金应结存额。

XX市人民检察院

司法会计师：XX

XX市XX区人民检察院

司法会计师：XXX

二〇〇六年一月十日

附件：一、章韵公司煤气站购销煤气汇总表

二、章韵公司煤气站现金账项调整表

附件一：章韵公司煤气站购销煤气汇总表

（2002年9月1日至2003年12月30日）

序号	购进			销售			差额	
	数量	单价	金额	数量	单价	金额	数量	金额
1	2 774	18	49 932	2 606	20	52 120	168	3 360
2	2 727	22	57 794	2 442	23	56 166	285	6 555
3	2 780	26. 5	73 670	2 780	29	80 620		
合计	8 281		181 396	7 828		188 906	453	9 915

附件二：章韵公司煤气站现金账项调整表

（2002 年 9 月至 2003 年 12 月）

调整事项	现金收入	现金支出	余额
原账面金额	577 107.00	568 994.60	8 112.40
检验（一）-1 重记	-1 080.00		
检验（一）-2 非收入	-28 000.00		
检验（一）-3 未记账	828.00		
检验（一）-4 未记账	525.00		
检验（一）-5 未记账	522.00		
检验（一）-6 未记账	916.91		
检验（五）未记账		12 000.00	
检验（六）未记账		3 000.00	
检验（七）无付款票据		-33 000.00	
检验（八）无付款票据		-26 000.00	
检验（九）无付款票据		-1 073.50	
检验（十）提前记账		-8 056.23	
合　计	550 818.91	515 864.87	34 954.04

第十一章 司法会计鉴定程序性要件的审查判断

第一节　司法会计鉴定程序启动主体审查

一、我国目前关于鉴定程序启动权的规定

根据我国现行法律规定，司法鉴定启动权归属于办案机关，即侦查机关、法院和监察机关。在办案中为了查明案情，需要解决案件中某些专门性问题时，办案机关应当指派、聘请有专门知识的人进行鉴定。在刑事案件中，侦查机关应当将用作证据的鉴定意见告知犯罪嫌疑人、被害人，如果犯罪嫌疑人、被害人提出申请，可以补充鉴定或者重新鉴定；监察机关调查的案件，被调查人或者相关单位、人员提出补充鉴定或者重新鉴定申请，经审查符合法定要求的，应当按规定报批，进行补充鉴定或者重新鉴定；民事案件涉及鉴定事项的，同样由当事人申请鉴定，办案机关决定是否启动，当事人一方自行委托出具的鉴定意见，不属于司法鉴定意见，另一方当事人有证据或理由足以反驳并申请鉴定的，人民法院应予准许。因此，我国的司法鉴定启动主体是办案机关，其他单位和个人只有申请鉴定和重新鉴定、补充鉴定的权利。司法会计鉴定属于司法鉴定的一个类别，同样适用上述规定。

二、司法会计鉴定程序的审查要点

（一）鉴定委托书的审查

审查司法案卷中是否有鉴定委托书，委托书出具单位是否是相应案件的办案机关。

（二）鉴定委托书和鉴定意见书出具日期的审查

将案卷中的鉴定委托书日期和鉴定书出具日期比对，审查是否存在先鉴定后补委托书，鉴定书出具日期先于委托书日期的情形。

（三）鉴定意见告知程序的审查

查看案卷中是否记载了鉴定意见告知程序，是否有被告知人、单位的签名，审查办案机关是否将用作证据的鉴定意见及时告知了相关人员、单位，是否保障了其申请重新鉴定和补充鉴定的权利。

（四）审查民事诉讼中一方当事人委托的鉴定，是否作为司法鉴定意见使用

民事诉讼中一方当事人委托的鉴定，不属于司法鉴定意见。根据《民事诉讼法》规定，鉴定意见是指人民法院委托有资质的鉴定人通过科学方法对案件事实所涉及的专门性问题出具的评断意见。而一方当事人委托的鉴定，根据法律规定当事人不具有鉴定启动权，未经法定程序启动，鉴定材料也未经当事人双方质证确定，因此不具有司法鉴定意见的性质，仅是一份书面证据材料。

根据《最高人民法院关于民事诉讼证据的若干规定》第 41 条规定，对于一方当事人就专门性问题自行委托有关机构或者人员出具的意见，另一方当事人没有证据或者理由足以反驳的，该鉴定意见可以作为认定案件事实的依据。

三、相关案例

案例1：李某与芦某隐匿，故意销毁会计凭证、会计账簿、财务会计报告案（2020）甘06刑终20号

公诉机关指控原审被告人李某、芦某犯隐匿、故意销毁会计凭证、会计账簿罪一案，原审法院对指控事实予以认定，作出相应判决。

原审被告人李某不服，以“司法鉴定意见在聘请鉴定之前已出具，应当予以排除”等为由提出上诉。

二审法院认为，原判据以定案的关键性证据“司法会计鉴定”的出具时间在侦查机关聘请鉴定之前，存在不符合办案程序、违反法律规定的诉讼程序的情形，可能影响公正审判，裁定撤销原判，发回重审。

评析：《人民检察院刑事诉讼规则》第169条规定，进行调查核实，可以采取询问、查询、勘验、审查、鉴定、调取证据材料等不限制被调查对象人身、财产权利的措施。

《公安机关办理刑事案件程序规定》第174条规定，对接受的案件，或者发现的犯罪线索，公安机关应当迅速进行审查。发现案件事实或者线索不明的，必要时，经办案部门负责人批准，可以进行调查核实。调查核实过程中，公安机关可以依照有关法律和规定采取询问、查询、勘验、鉴定和调取证据材料等不限制被调查对象人身、财产权利的措施。

根据上述规定，侦查机关在立案前的调查过程中，涉及需要解决的专门性问题，可以聘请鉴定人员。但是，无论是在立案前还是在立案后的司法鉴定，都应当在侦查机关出具鉴定聘请书之后进行。本案司法会计鉴定的出具时间在侦查机关聘请鉴定之前，不符合法定程序，不能保证鉴定材料来自侦查机关，因此，鉴定意见不能作为定案的根据。

案例 2：桂某、夏某诈骗案（2019）冀 0636 刑初 88 号

公诉机关指控，2018 年 8 月 20 日至 2018 年 11 月 25 日期间，被告人桂某在顺平县顺兴建筑工程有限公司施工的阳光佳苑 A 区 2 期工地承揽泥瓦工的工作。桂某指使记工员夏某伪造虚假的出工表，提高工人工资，在骗取顺兴建筑工程有限公司的工程款的过程中，被该公司核实工人的出工数时发现。经河北正源司法会计鉴定中心鉴定：2018 年 8 月 20 日至 2018 年 11 月 25 日期间，桂某包工队的 34 名工人在顺兴建筑公司施工阳光佳苑 A 区 2 期工地实际出工 1 609.9 个工、工资金额 385 600 元，申报 2 654.1 个工、工资金额 754 886 元，多报 1 044.2 个工，欲骗取工资金额 369 286 元。

被告人夏某的辩护人提出的辩护意见之一是，被告人夏某有自首情节，鉴定意见不合法，阳光佳公司并未与桂某包工队达成任何结算意见，阳光佳苑 A 区二期项目部出具的情况说明所提到的结算数据，只是顺兴公司的单方意思表示，不能作为本案的定案证据。

法院认为，院夏某的辩护人对鉴定意见持有异议，该鉴定的委托时间先于本案的立案时间，程序不合法，存在重大瑕疵，就该份鉴定意见不予采纳。

案例 3：邹某、吴某诈骗案（2018）黔 0522 刑初 106 号

公诉机关指控，被告人邹某、吴某 2016 年 9 月至 2017 年 5 月，伙同他人在多部手机上登录购买来的多个包含大量好友的微信账号，在这些微信账号的朋友圈或者微信群里发布可以办理小额贷款的虚假信息吸引人们关注，对于受吸引需要办理贷款的人员再分别以各种理由让对方通过微信财付通或者支付宝将钱款转入被告人李某、董某购买的多个支付宝账号内或者用于诈骗的微信账号内，然后将所骗取的钱款陆续转入各自用于日常生活的支付宝账户，最后再转入银行账户取现。

司法鉴定所关于邹某等人涉嫌诈骗案非法获利金额的鉴定意见：证实被

告人邹某获得的非法收入为475 232.93元，其中利用微信获得非法收入20 504元，利用支付宝获得非法收入454 728.93元；被告人吴某获得的非法收入为237 755.72元，其中利用微信获得非法收入580元，利用支付宝获得非法收入237 175.72元；被告人邹某获得的非法收入为60455.15元，其中利用微信获得非法收入4 936元，利用支付宝获得非法收入55 519.15元；被告人陈某获得的非法收入为27 000元，其中利用微信获得非法收入16 820元，利用支付宝获得非法收入10 180元。

法院认为，针对公诉机关出示的“贵州中联信会计师事务所有限公司鉴定报告书”，因该鉴定意见未及时告知相关人员，当事人均表示对该鉴定意见有异议。根据《最高人民法院关于适用〈中华人民共和国刑事诉讼法〉的解释》第84条、第85条之规定，对该鉴定意见本院不予采信。

案例4：某路桥股份有限公司、某磨思高速公路开发经营有限公司企业借贷纠纷案（2019）最高法民终795号

上诉人某路桥股份有限公司（以下简称路桥公司）因与上诉人某磨思高速公路开发经营有限公司（以下简称磨思公司）和某省公路局（以下简称公路局）、某市国有资产经营有限责任公司（以下简称国资公司）借款合同纠纷一案，不服某省高级人民法院民事判决，向最高人民法院提起上诉。其中磨思公司提交了两份《司法会计鉴定意见书》，分别证明路桥公司抽逃资金和本公司未收到路桥公司相关借款。

路桥公司质证认为，该份司法鉴定意见书不属于二审程序中的新证据，是在二审中磨思公司自行委托形成的，违反了《民事诉讼法》《最高人民法院关于适用〈中华人民共和国民事诉讼法〉的解释》以及《司法鉴定程序通则》的相关规定，不属于司法鉴定，且违反鉴定的独立、客观、公正原则，不应被采信。

法院认为，磨思公司提交的两份《司法会计鉴定意见书》，均系磨思公司在一审结束之后自行委托、单方提交资料所作出的鉴定意见，不符合《司法鉴定程序通则规定》第 11 条关于“司法鉴定机构应当统一受理办案机关的司法鉴定委托”的规定，因此无法确定其鉴定资料的真实性及完整性，也无法确定鉴定结论的客观性和中立性，不能作为本案的定案依据。

第二节　司法会计鉴定机构的资质和鉴定资格的审查

一、鉴定机构的资质和鉴定资格审查

根据我国法律规定，鉴定机构不具备法定资质，或者鉴定事项超出该鉴定机构业务范围、技术条件的，鉴定意见不得作为定案根据。根据《全国人民代表大会常务委员会关于司法鉴定管理问题的决定》第 5 条的规定，鉴定机构必须达到以下条件：具备有明确的业务范围；有在业务范围内进行司法鉴定所必需的仪器、设备；有在业务范围内进行司法鉴定所必需的依法通过计量认证或者实验室认可的检测实验室；每项司法鉴定业务有 3 名以上鉴定人。目前我国的司法会计鉴定属于“四大类”以外的其他鉴定类别，除了人民检察院设立核准的司法会计鉴定机构外，一般不实行行政许可准入登记制度，而是实行市场准入制度，只要符合上述条件即具有鉴定资质条件。在实践中司法会计鉴定一般由会计师事务所承担，目前有的委托机关实行“白名单”准入制度，只有列入其名单内的会计师事务所，才可以委托其鉴定。

二、鉴定机构资质的审查要点

（一）鉴定机构资质审查

鉴定文书后附的会计师事务所营业执照是否在有效期内，其业务范围是否与会计有关。

（二）机构执业人数的审查

向中国注册会计师协会或其网站查询相应的鉴定机构是否具有 3 名以上的执业人员。

（三）是否具有重新鉴定的资格

鉴定事项是否是重新鉴定，重新机鉴定机构和初次鉴定机构不能是同一机构。

（四）鉴定机构回避的审查

鉴定机构与涉案单位是否存在某种利害关系，存在可能影响司法鉴定公正的情形。

三、相关案例

案例 1：周某诈骗案（2019）湘 0112 刑初 1 号

公诉机关指控：2018 年 5 月至 8 月间，被告人周某以通过关系帮助张某、严某夫妇小孩进入长沙市一中读书为由，多次编造送礼、请客、交建校费、高温费等理由，骗取张某、严某现金人民币 96 803 元及“和天下”香烟一条。经鉴定，“和天下”香烟价值人民币 928 元，其鉴定意见为长沙市望城区价格认证中心出具。

法院审查后认为，长沙市望城区价格认证中心出具的《关于涉案和天下香烟的价格认定结论书》，因长沙市望城区价格认证中心不具备司法鉴定资质，故对该鉴定意见本院不予采纳。

案例 2：赵某娟开设赌场案（2024）赣 10 刑终 122 号

上诉人（原审被告人）赵某娟因涉嫌犯开设赌场罪，不服一审判决提起上诉。原一审法院根据抚州市博中会计师事务所的鉴定意见书，认定赵某娟共获利 555 244.86 元。

上诉期间，赵某娟辩护人杨某提出 2023 年度抚州博中会计师事务所及鉴定人均未依法进行登记，部分鉴证材料不合法、部分鉴证材料与鉴定事项不具有关联性，故赣抚博中司会鉴字（2023）044-6 号会计鉴证意见书不具有合法性的辩护意见。

二审法院认为，最高人民法院办公厅（法办函［2019］604 号）复函已明确“只有法医类、物证类、声像资料和环境损害四类鉴定由司法行政部门统一登记管理，其他鉴定事项不属于司法行政部门统一登记管理范围。”本案的会计鉴证意见书系会计类鉴证事项，不属于司法行政部门统一登记管理范围。“四类外”鉴定事项根据行业资质接受办案机关委托进行司法鉴定，故具有司法会计鉴定资质的抚州博中会计师事务所可以接受公安机关的委托，并指派具有资质的鉴证人对被告人开设赌场获利金额进行鉴证，且其鉴证过程依据的材料来源合法、鉴证结论符合委托事项，故对该辩护意见不予采纳。

案例 3　北京炅湘钰技术开发有限公司与上海宏博投资管理（集团）有限公司等探矿权转让合同纠纷再审案（2015）民提字第 205 号

再审申请人（一审原告、二审上诉人）北京炅湘钰技术开发有限公司与被申请人（一审被告、二审上诉人）上海某投资管理（集团）有限公司探矿权转让合同纠纷一案，不服陕西省高级人民法院终审判决，向最高人民法院申请再审。在再审中，法院根据上海某投资管理有限公司的申请，委托恒泰艾普石油天然气技术服务股份有限公司（以下简称恒泰艾普公司）对案涉出油井的收益情况进行鉴定。再审申请人认为鉴定机构不具备鉴定资质，鉴定意见不能作为证据。

最高人民法院认为，根据《全国人民代表大会常务委员会关于司法鉴定管理问题的决定》第 2 条，目前仅有法医类、物证类、声像资料、环境损害四类鉴定需要国务院司法行政部门颁发司法鉴定资质，对于其他类别的鉴定无强制性要求。《人民法院司法鉴定人名册制度实施办法》第 18 条规定："司法鉴定所涉及的专业未纳入鉴定人名册时，人民法院司法鉴定机构可以从社会相关专业中，择优选定受委托单位或专业人员进行鉴定。……"因石油行业未纳入鉴定人名册管理，本院从社会相关专业中择优选定专业能力较强的上市公司恒泰艾普公司对案涉出油井井位及开采期产量等石油领域专业问题进行鉴定，符合法律规定。再审申请人关于恒泰艾普公司无司法鉴定资质故不能承担本案鉴定工作的主张，无法律依据，且与其在诉讼过程中一直提出的因本案专业性较强必须有石油领域专家参与鉴定的主张相矛盾。石油技术咨询及司法会计鉴定不属于评估业务，无须取得矿业权评估资质。

《最高人民法院对外委托鉴定、评估、拍卖等工作管理规定》第 21 条规定："指定选择时，对委托要求超出《名册》范围的，专门人员应根据委托要求从具有相关专业资质的专业机构或专家中选取，并征求当事人意见。……"因当事人无法协商确定鉴定机构，2016 年 6 月 3 日询问时各方明确表示鉴定机构请本院依法指定。

第三节 鉴定人的资质和鉴定资格审查

一、相关法律规定

根据我国法律规定，鉴定人不具备法定资质，不具有相关专业技术或者职称，或者违反回避规定的，鉴定意见不得作为定案根据。因此，审查鉴定人应从以下方面进行审查。

二、鉴定人的资质和鉴定资格审查要点

（一）审查鉴定人是否具有有效证书

审查鉴定文书后是否附有有效的鉴定人资格证书。如果是社会司法会计

鉴定机构，查看其所附的鉴定人资质证书是否是有效的注册会计师执业证书，签名的注册会计师是否在本机构执业。如果是检察院的司法会计鉴定人员，根据《人民检察院鉴定规则（试行）》，鉴定人须在检察院核准的鉴定机构执业，并取得司法会计鉴定类别的人民检察院鉴定人资格证书。

（二）鉴定人是否超出自身的从业范围出具了鉴定书

审查委托方提出的鉴定事项是否属于司法会计鉴定专业范围。例如，建设工程造价鉴定应由具有注册造价工程师资质的人员鉴定，而不是由注册会计师鉴定。

（三）审查鉴定人是否签名，鉴定人数是否符合法定人数

审查同一鉴定事项是否至少有 2 名鉴定人鉴定并签名。如果同一鉴定事项少于 2 人或未签名，则应当不予采信。

（四）审查是否应予回避

根据相关法律对回避的规定，审查具体案件鉴定人是否存在应当回避的法定情形。曾经作为专家提供过咨询意见的、曾被聘请为有专门知识的人参与过同一鉴定事项法庭质证的，应当回避。

（五）审查重新鉴定人的资格

重新进行司法会计鉴定的案件，原鉴定人不得参与鉴定，进行重新鉴定的司法鉴定人中至少有 1 名具有会计专业高级技术职称。

三、相关案例

案例 1：张某诈骗、敲诈勒索、虚报注册资本、职务侵占案（2015）高刑再终字第 00615 号

原起诉机关指控张某犯有诈骗罪、敲诈勒索罪、虚报注册资本罪、职务侵占罪，于 2011 年 5 月 12 日作出一审刑事判决。辽宁省营口市中级人民法

院于2011年7月29日以事实不清、证据不足为由发回辽宁省营口市鲅鱼圈区人民法院重新审判。辽宁省营口市鲅鱼圈区人民法院于2012年1月19日作出判决。辽宁省营口市中级人民法院于2013年7月30日作出终审刑事判决。判决发生法律效力后，最高人民法院于2015年8月21日作出再审决定书，指令北京市高级人民法院对本案进行再审。

该案重要证据之一是《营口鑫达会计司法鉴定所关于辽宁雄都置业有限公司等鉴定事项的鉴定报告》。该报告未经司法鉴定人签名或盖章，原审上诉人张某和辩护人均对该鉴定报告提出质疑，请求重新进行鉴定。再审期间，检察院认为本案的鉴定报告仅有机打鉴定人姓名并加盖鉴定所印章，但无鉴定人手写签名，且该瑕疵未能通过补正得到合理解释。再审法院与北京市人民检察院对该鉴定进行补正及合法性的审查工作，未找到该鉴定报告的档案材料，鉴定人亦拒绝补正签名。法院认为该鉴定报告不符合法律规定的程序要件，不能作为定案根据。

案例2：雷某申请撤销仲裁裁决案（2022）豫03民特35号

申请人雷某与被申请人洛阳市新天地置业集团有限公司（以下简称新天地公司）、张某申请撤销洛阳仲裁委员会（2017）洛仲字第351号仲裁裁决书。申请人雷某认为，仲裁机构委托的会计师事务所作出了超出业务范围的判决导向，导致本案判决未结合证据材料和事实判决，会计师事务所成了仲裁机构。本案仲裁裁决结果，完全参考了洛阳万福顺会计师事务所出具的审计意见，对相关证据及其效力未予以明示，以审计意见代替仲裁意见，会计师事务所出具的评估结论无事实和证据予以支持，但是该结论未经质证影响判决的事项直接写入报告，直接生效，作为裁决的依据。

被申请人新天地公司、张某称洛阳万福顺会计师事务所超出自身委托范围对房屋价值作出认定，系错误。该事务所并不具备认定房屋价值的相关法定资质，其出具的意见洛阳仲裁委不应采纳。

经审查查明：雷某与新天地公司、张某因民间借贷纠纷，向洛阳仲裁委员会提出书面仲裁申请。2021 年 1 月 15 日，申请人雷某提出司法会计鉴定申请，请求对申请人与被申请人之间借款本金、利息进行财务核算。2021 年 2 月 5 日，洛阳仲裁委员会委托洛阳万福顺会计师事务所进行审计鉴定 2021 年 5 月 20 日，洛阳万福顺会计师事务所做出豫万福顺所专审字［2021］第 70 号专项审计报告，审计结果为：截至鉴定委托日 2021 年 2 月 5 日，新天地公司、张某尚欠雷某本息合计 1 576 596. 66 元，其中本金 691 646. 00 元，利息 884 950. 66 元。洛阳仲裁委员会（2017）洛仲字第 351 号裁决书中载明，审计后仲裁庭依法组织申请人和被申请人对该专项审计报告进行了质证，审计机构相关人员出庭接受了质询。2022 年 5 月 11 日，仲裁庭依据该审计报告认定的金额作出（2017）洛仲字第 351 号裁决：（1）新天地公司、张某共同于裁决书送达之日起 10 日内向雷某偿还借款本金 691 646 元及利息（截至 2021 年 2 月 5 日的利息为 884 950. 66 元，2021 年 2 月 6 日至实际清偿之日的利息按全国银行间同业拆借中心公布的贷款市场报价利率的 4 倍计算）；（2）对雷某的其他仲裁请求不予支持；（3）仲裁费 41 792 元，由雷某承担 20 896 元，新天地公司、张某共同承担 20 896 元。经查阅仲裁卷宗，仲裁庭并未将该专项审计报告送达当事人，卷宗中未见组织双方当事人对该专项审计报告进行质证的记录，或者当事人提交的书面质证意见，也未见审计机构相关人员出庭接受质询的记录。

《洛阳仲裁委员会仲裁规则》第 39 条第 4 项规定，鉴定人应当提出书面鉴定意见，鉴定意见的副本，应当送交当事人。当事人有权对鉴定意见发表意见。洛阳仲裁委员会并未按照《洛阳仲裁委员会仲裁规则》的规定，将审计报告送交双方当事人进行质证，即将该审计报告作为仲裁裁决的证据违反《仲裁法》第 58 条第 1 款第 3 项的规定。依照《仲裁法》第 58 条之规定，裁定如下：撤销洛阳仲裁委员会（2017）洛仲字第 351 号裁决，申请费 400 元，由洛阳市新天地置业集团有限公司、张某负担。

分析说明：在该案中，申请人提出本案鉴定机构在不具备认定房屋价值的相关法定资质的情况下，超出自身资质范围对房屋价值作出认定。同时，仲裁裁决结果完全参考审计意见，属于以审计意见代替仲裁意见。法院综合判断后撤销原裁决。

第十二章
司法会计鉴定实质性要件的审查判断

第一节　鉴定事项的审查

一、鉴定事项的要求

司法会计鉴定解决的问题是财务会计方面的专门性问题，在诉讼中由委托方通过鉴定事项向鉴定人提出。鉴定人只对财务会计方面的专门性问题进行判断并提出评断意见，委托方不应将非财务会计专门性问题向司法会计鉴定人提出。在实务中委托方常见的错误是把案件事实或者法律判断等非财务会计专门性问题向鉴定人提出，鉴定事项超越鉴定人应当负责的范围。鉴定意见只是对鉴定事项的回应，不能超出鉴定范围或回应非鉴定人应当判断的问题。在实践中，有的送检单位将审计报告作为鉴定事项要求对其客观真实性进行鉴定，鉴定人有权拒绝，因为审计报告属于非财务会计检材。

二、相关案例

案例 1：沈某与李某合同纠纷案（2023）云 25 民终 1412 号

上诉人沈某不服一审判决，要求撤销，其中一条理由是一审法院在处理司法鉴定方面程序违法。二审法院查明，在一审中，沈某曾申请对双方婚姻关系存续期间其为家庭生活的支出及双方经济往来进行司法会计鉴定，法院委托云南禹川会计师事务所有限公司进行鉴定，鉴定所审查相关鉴定材料后，认为申请人提供的资料不完整、不详细，婚姻家庭生活的支出不属于会计准则和财务制度中规定的财务核算概念，无法受理，将鉴定委托书和送鉴材料退回一审法院。二审法院认为其上诉理由不能成立，维持原判。

案例2：李某非法吸收公众存款罪、合同诈骗案（2018）赣08刑终69号

李某某非法吸收公众存款罪、合同诈骗罪经一审判决后，李某某不服，上诉至二审法院。二审法院庭审后对涉案证据等进行了全面审查，其中对会计师事务所出具的司法会计鉴定意见中的部分意见不予采信。

法院认为：司法会计鉴定意见只对鉴定涉及的财务会计问题提出意见，而不能涉及法律问题。而该鉴定意见中“涉及李某对外吸收公众存款汇总表”，对李某向外吸收资金的性质，鉴定机构却做了“非法吸收数额的认定”，对该部分意见，本院不予采信。

评析：《刑事诉讼法》第146条规定：“为了查明案情，需要解决案件中某些专门性问题的时候，应当指派、聘请有专门知识的人进行鉴定”。司法机关绝不能聘请会计专业人员对法律问题作出判断，因此该条文中的“某些专门性问题”肯定不包括法律问题。“合法吸收”还是“非法吸收”属于法律判断问题，本案鉴定对法律问题作出确认，超出了财务会计专门性问题的范围。

案例3：向某、姚某犯非法吸收公众存款案（2017）湘1225刑初61号

该案中，控方提供的司法会计鉴定意见认定向某、姚某以公司名义先后向民间的李某等共88名不特定社会公众借款人民币3 088万元，已偿还借款本息2 504万元，尚欠借款人民币1 239万元。

审判法院审查司法会计鉴定意见后认为：向某辩称鉴定确认的借款本金

3 088 万元中，有 283 万元是向特定对象所借用来收购某公司股权的资金，不应认定为非法吸收公众存款数额的辩称意见，理由成立，本院予以采纳。

评析：司法会计鉴定的对象是财务会计专门性问题，包括资产、负债、所有权权益、收入、费用、利润等，“不特定社会公众”不属于财务会计专门性问题，不应当由司法会计鉴定机构判断。

第二节　鉴定资料的审查判断

一、鉴定材料合规性的审查及相关案例

鉴定材料的收集过程、收集范围必须符合法律规定。司法会计鉴定材料主要由财务会计资料和勘验、审查笔录组成，鉴定意见不得依据犯罪嫌疑人供述、被害人陈述、证人证言等非财务会计资料形成。其中财务会计资料有纸质版、电子版。委托方在收集研究材料过程中应当按照法律文书中有关书证勘验、审查笔录和电子数据的方法进行收集。审查案卷记录的勘验、审查笔录、电子数据的收集是否符合法律程序；司法鉴定规范要求鉴定材料必须由委托方提供，非经委托方提供的材料不能作为鉴定材料；鉴定人不能自行收集或直接向当事人收集鉴定材料。

案例 1：段某、王某集资诈骗二审刑事裁定书（2018）豫刑终 109 号

上诉人诉称，该案有关司法会计鉴定意见数据不准确，各项数据因缺失原始凭据（2014 年以前的已被王某全部烧毁）而不真实，不能作为本案的定案依据；电子财务软件恢复导出的数据不完整，部分资金在账中体现不明。

法院认为，公安机关在侦查过程中依法取得主机服务器电子资料，同时提交系统客户出资明细表以及部分会计凭证供以鉴定，鉴定材料合规、鉴定主体及程序合法，驳回上诉请求。

案例2：付某非法吸收公众存款案一审刑事判决书（2017）粤0106刑初343号

在付某非法吸收公众存款案中，法院审查有关司法会计鉴定报告后认为，鉴定报告仅以在涉案公司查获的“广州工程统计表”认定被告人付某吸收的投资款金额，未提供其他证据予以佐证，被告人付某对上述投资款金额均予以否认，故公诉机关的该节指控证据不足，本院不予支持。

评析：非法吸收公众存款必须有银行流水等能够证明经济业务发生的财务会计资料作为鉴定材料，没有财务会计资料为依据的“广州工程统计表”属于统计资料，不能证明经济业务的实际发生情况，因此不能作为司法会计检验的对象。换言之，以没有财务会计资料为依据的统计资料作为鉴定材料得出的司法会计鉴定意见，达不到证据确实、充分的刑事诉讼证明标准。

二、鉴定材料完整性、充分性的审查及相关案例

完整充分的鉴定材料是保证鉴定意见的客观前提，司法会计鉴定的基本条件就是与鉴定事项有关的鉴定材料必须达到完整。审查鉴定材料是否为涉案主体原始材料，鉴定所需信息是否记录完整，鉴定材料在数量上是否满足鉴定事项所需。检材与所鉴定事项具有相关性，在实践中有的侦查机关将整本侦查卷宗作为检材送与鉴定人鉴定，鉴定人将大量言词证据作为鉴定依据支持其鉴定意见。

案例1：徐甲、徐乙非法吸收公众存款案二审刑事裁定书（2018）粤03刑终1704号

在该裁定书中，其相关裁判观点为：公诉机关提供的司法会计鉴定意见证明，自2015年3月31日至2015年11月11日，徐甲等人利用万某通等公

司的银联、微信、易票联、支付宝等三方平台，先后发展“国度币”“爱币”和“金某”会员共计 12 637 名，吸收会员充值金额 20 685 万元，会员提现 18 052 万元，但 12 637 名会员的具体姓名、投资金额、投资项目均不明确。现有证据不能充分证实被告人徐甲、徐乙、汤某、陈某的行为构成非法吸收公众存款罪。

评析：根据司法部《司法鉴定程序通则》第 15 条规定，发现鉴定材料不真实、不完整、不充分或者取得方式不合法的，司法鉴定机构不得受理。本案鉴定材料无 12 637 名会员的相关信息，属于鉴定材料不完整、不充分，达不到司法鉴定条件。

案例 2：高某、李某非法吸收公众存款案一审刑事判决书（2017）黑 0110 刑初 232 号

在该裁定之中，其相关裁判观点为：鉴定依据仅有公安机关从被扣押的公司财务人员所使用的电脑及 U 盘内所提取的电子账簿，未有全面的相关的纸质会计账簿及会计凭证作对照，而电子账簿属于电子证据，其稳定性、客观性不同于其他证据。电子证据必须结合其他证据才具有证明效力，仅以电子证据作为司法鉴定的依据则该鉴定结论缺乏客观性、准确性。

评析：电子账簿是财务会计人员根据原始凭证在会计电算化软件中编制记账凭证后自动生成的以电子信息为载体的账簿。因为在没有原始凭证的情况下，财务会计人员也可以凭空在会计电算化软件中编制记账凭证并自动生成电子账簿，所以在没有原始凭证对照的情况下，无法保证电子账簿的客观性、准确性。

第三节　鉴定分析论证科学性的审查

一、鉴定分析论证科学性的审查要点

鉴定意见是鉴定人运用科学知识和技术原理对诉讼中需要解决的专门性问题的判断。鉴定意见是否可靠，鉴定过程的质量非常重要，其中对鉴定过程的分析论证是鉴定意见可靠性的支撑和体现。审查人员主要查看分析论证过程是否有标准可依、是否指出标准的出处、采用的标准是否正确、分析论证是否严谨、逻辑推理是否严密、论证过程是否存在自相矛盾、论证依据是否超出委托人送的检材范围、是否将非检材作为论据、论证得出的结论是否唯一等。

二、相关案例

案例1：张甲、张乙非法吸收公众存款案一审刑事判决书（2014）和刑初字第55号

该案中，控方提供的司法会计鉴定报告仅对合同数额及人次进行了审计，不符合法律规定。法院认为对于鉴定报告中的涉案金额以本案现查明的金额为准。

评析：合同是平等主体的自然人、法人、其他组织之间设立、变更、终止民事权利义务关系的协议，合同价款是否实际履行，需要有银行流水等财务会计凭据印证。本案所谓的“司法会计鉴定报告”实际上是将书面合同金额及人次的统计作为认定涉案数额的，用统计方法替代司法鉴定方法，属于统计报告，不具有司法会计鉴定对财务会计专门性问题鉴定、判断得出鉴定意见的证据属性。

案例2：田某某非法吸收公众存款案（2014）南刑初字第218号

公诉机关指控，被告人田某某自2006年入职广东绿色世纪健康产业连锁经营管理有限公司长春分公司（后变更为广东邦家租赁服务有限公司长春分公司）以来，先后担任行政职员、经理、副总监等职务，同该公司的执行总监杨某2（另案处理）、行政总监陈某（另案处理）、副总监助理李某（已判刑）等人，于2009年至2011年期间，以高利息为诱饵，采取会员制消费、区域合作等方式，非法吸收滕某、邢某等132名被害人人民币16 342 380.00元。该公司返还给被害人部分利息。其中司法鉴定审计报告证实：131名被害人在广东邦家租赁服务有限公司长春分公司投资金额共计16 311 880元，返款金额合计2 480 946元，经济损失合计13 830 934元。合议庭对证据进行评议后认为，司法鉴定审计报告的审计依据为被害人询问笔录、自述材料、情况介绍、投资情况统计表，没有相关书证佐证，其审计结果不客观，不予采信；报告书中记载了被告人田某某的业绩提成及实发工资，但未提供计算依据，不能证明被告人田某某的违法所得，不予采信。

评析：在实践中，一些鉴定人通常以鉴定审计报告替代司法鉴定会计报告，形式不够规范。该报告分析论证依据主要是非财务会计资料，没有相应的书证等印证，没有提供田某某工资及提成的标准，论证过程不足以形成严密的逻辑体系，鉴定结果不够客观。

第四节　鉴定方法的审查

一、司法会计鉴定方法的审查要点

司法会计鉴定方法是指鉴定人在分析论证财务会计专门性问题过程中所采用的技术方法，包括比对鉴别法、平衡分析法以及其他在应用已知数额推导未知数额过程中运用的各种分析计算方法。审查人员审查时应当判断鉴定人采取的鉴定方法是否符合会计准则、财务会计制度、会计要素间质量守恒定律以及有关法律法规等，判断鉴定方法的正确性；注意审查在司法会计鉴定中是否将审计方法用于鉴定，例如将用于审计的“抽样”和“函证”等方法用于鉴定。

二、相关案例

案例：李某非法吸收公众存款罪、合同诈骗案（2018）赣08刑终69号

李某某非法吸收公众存款罪、合同诈骗罪经一审判决后，李某某不服，上诉至二审法院。二审法院庭审后对涉案证据等进行了全面审查，其中对会计师事务所出具的司法会计鉴定意见中的部分意见不予采信。

该鉴定意见对江西丰瑞实业有限公司丰瑞府邸项目未销售房屋不动产评估意见及对丰瑞府邸项目预测的评估利润数据均是鉴定机构建立在预估基础上进行的，都是暂估性数字，且丰瑞府邸项目尚未结算，相关资产未处置，存在不确定因素，无法估价，故鉴定机构对上述两方面未作出明确的分析意见，不能如实、真实反映出未售房产的真实价值，以及丰瑞府邸项目今后的利润，对该部分预估性的鉴定意见，本院不予采信。

分析：鉴定意见是否有科学根据、论据是否可靠、论证是否充分、论据与结论是否有矛盾、结论是否明确，涉及鉴定意见证据效力问题。鉴定人运用专业知识、专门的方法、标准对刑事诉讼中的专门性问题进行鉴别和判断后需作出明确意见，而不是出具“可能是”“不排除”等不明确意见，这种意见在刑事案件中是没有证据价值的，更没有证明力。

第五节 司法会计鉴定意见的审查

一、审查司法会计鉴定意见的要点

司法会计鉴定意见是司法会计鉴定人针对委托方提请需要解决的财务会计专门性问题对鉴定材料进行检验，采用一定的标准进行鉴别、分析和判断后得出的结论性意见。

审查人员对鉴定意见的审查要点如下：

第一，将鉴定书中的鉴定意见内容和鉴定事项对比，审查鉴定意见是否回应了鉴定事项提出的相关专门性问题、是否超出了鉴定事项范围、是否超出权利回答了应由鉴定应用人判断的案件事实和案件定性的法律问题。

第二，鉴定意见明确性的审查。审查人员要审查鉴定意见是否有明确的意思表示，是否出现“可能”“不排除”“预测”等具有不确定性的意见。

二、相关案例

案例：刘某1、刘某2诈骗罪二审刑事裁定书（2019）吉24刑终15号

在该案中，控方提交的司法会计鉴定意见的结论部分包含“无法确认的债权”及未明确说明的数据。法院认为，鉴定意见未以客观、确切的陈述方式表述，存在“论证不充分”“结论不明确”等问题，例如未通过会计勾稽关系排除合理怀疑，裁定该鉴定意见不得作为定案依据。（详见本章第五节相关案例分析）

第六节　司法会计鉴定意见应用的审查

一、司法会计鉴定意见运用的审查要点

审查人员在运用鉴定意见时，主要对鉴定意见与案件的关联性进行审查，判断鉴定意见与待证事实是否有关、是否具有证明力。审查要点如下：

（1）审查鉴定意见证明的事实与待证事实是否为同一事实；

（2）审查鉴定意见的检材与待证事实期间是否一致；

（3）审查司法会计鉴定意见和案件其他证据之间是否有矛盾、证明指向是否一致。如果存在矛盾，要查明产生矛盾的原因，审查鉴定方法、论证论据是否客观、充分，在此基础上决定是否作为证据使用。

二、相关案例

案例1：刘某1、刘某2诈骗罪二审刑事裁定书（2019）吉24刑终15号

吉林省延吉市人民检察院指控：2013年3月份，被告人刘某1得知延吉市佳能热力有限公司向银行贷款的消息后，虚构其名下的延吉市春祥煤炭经销有限公司也要向银行贷款需要做流水账的事实，谎称进账后马上转回欠款，要求延吉市佳能热力有限公司法人代表金某1给其公司做1 000万左右的流水账。金某1同意后，与延吉市华阳煤炭经销有限公司法人代表李某1商讨，于2013年3月18日，由延吉市华阳煤炭经销有限公司将延吉市佳能热力有限公司贷款后转账到该公司的煤款1 600万中的1 145万（人民币）转账到延吉市春祥煤炭经销有限公司的账户做流水。2013年3月19日，被告人刘某2在明知汇入春祥公司账户内的1 145万元并非正常业务往来的情

况下，当日在其住处内，按照刘某1的指使，通过网上银行将账款1 145万元全部转移到黑龙江省东宁县九佛煤矿和延吉市北大建材公司账户上，再将其中600余万元转到二人银行卡中。除102万元用于偿还金某1向车某的借款外，其余款项用于偿还其个人借款。

该案一审法院认为被告人和报案人间存在大量没结清的债权债务关系，控方提供的司法会计鉴定报告存在程序和鉴定意见不明确的情形，且多份言词证据间互相矛盾，经一审判决被告人无罪后，控方抗诉，经二审维持原判后再次抗诉。中级人民法院经审理后对控方提供的重要证据司法会计鉴定意见再次进行审查，认为其不能作为定案的依据。

(1) 鉴定意见所报告的资料依据不符合要求。根据《司法鉴定程序通则》第12条的规定，委托人委托鉴定的，应当向司法鉴定机构提供真实、完整、充分的鉴定材料，并对鉴定材料的真实性、合法性负责。《司法鉴定程序通则》明确规定了委托人也就是办案机关对委托鉴定材料的责任，包括按照法定程序的收集、辨别、审查职责。检材的真实性、完整性、客观性、有效性是保证鉴定意见科学性的基本条件，送检材料应当是已进行会计确认、计量、记录、报告所形成的会计核算资料或虽未进行会计核算，但符合会计计量、确认的核算要求，能够证明业务内容发生的财务会计原始资料。检察机关提供的鉴定意见一（三）资料依据中表明依据的是刘某1和金某1提供给延吉市公安局的鉴定资料，而且在鉴定意见十中也表明依据鉴定资料提供人即上述刘某1和金某1所提供资料为基础，并将鉴定材料的责任由提供人承担，与《司法鉴定程序通则》要求明显不符，事实上由刘某1和金某1提供的鉴定材料也与财务会计原始资料的要求不符。

(2) 鉴定意见结论表述不明确。该鉴定意见中包含无法确认的债权的结论，并在鉴定意见九中说明没有确认的事项和数据，主要是由于资料提供人提供的鉴定资料不规范，证据链缺失等原因造成的。这一表述存在两个问题：一是不符合鉴定意见应该用陈述事实的语气进行客观、确切表述，不得含糊不清的要求；二是不符合鉴定资料真实、完整、充分的要求。

（3）鉴定意见论证不充分。根据《中国注册会计师鉴证基本业务准则》第34条，如果针对某项认定从不同来源获取的证据或获取的不同性质的证据能够相互印证，与该项认定相关的证据通常具有更强的说服力。该鉴定意见在确认债权论证过程中没有发现与所认定事项有相互印证的证据。该鉴定意见不符合《司法鉴定程序通则》的要求，不能客观反映刘某1与金某1之间真实的债权债务关系，更无法证明刘某1非法占有的目的，不能作为定案的依据。

（4）根据《司法鉴定程序通则》规定，司法鉴定应当在司法鉴定委托书生效之日起30个工作日完成，鉴定事项涉及复杂、疑难的，机构负责人批准可以延长30个工作日。因鉴定公司受托鉴定日期为2017年11月28日，故鉴定公司应当最晚于2018年1月26日止出具鉴定意见，但该鉴定意见的出具日期为2018年5月4日，鉴定意见书的出具日期严重超出了法定鉴定时限，已严重违反程序规定。因此，根据《最高人民法院关于适用〈中华人民共和国刑事诉讼法〉的解释》第85条第1、2、5项之规定，中天公司出具的鉴定意见书不得作为定案的根据。

综上，检察机关证明原审被告人刘某1以非法占有为目的，骗取他人财物的事实不清，证据不足，应当对原审被告人刘某1宣告无罪。掩饰、隐瞒犯罪所得罪以诈骗罪的成立为前提，且要求行为人明知掩饰、隐瞒的是犯罪所得，在本案中，原审被告人刘某1的行为在不构成诈骗罪的条件下，原审被告人刘某2明知是犯罪所得而掩饰、隐瞒犯罪所得的事实不清，证据不足，其行为不构成掩饰、隐瞒犯罪所得罪。

因此，检察机关提出的原审被告人刘某1的行为构成诈骗罪的抗诉意见不成立，不予支持。法院驳回了检察院抗诉，维持原判。

案例2：程某诈骗一审刑事判决书（2018）粤0306刑初3354号

公诉机关指控，被告人程某为深圳市程泰数控精密有限公司所有人，从

2014年至2017年6月期间，程某便以扩大公司工厂规模购买机械设备为由，许以高额利息回报向被害人颜某等多人借款。为了达到借款目的，被告人程某伪造机动车登记证书作为借款抵押；伪造龙华区人民医院的印章开具房产权属证明骗取被害人信任，共计诈骗7名被害人总计人民币461.3万元。

关于本案的犯罪数额，审判法院对有关鉴定报告进行了审查，认为：虽然广东财安司法鉴定所根据被告人程某供述的8个银行账户与各名被害人之间的往来情况出具了鉴定意见书，但根据被告人的供述以及被害人的陈述，被害人有一部分资金是通过他人的银行账户向被告人转款的，也不排除被告人程某还有其他的银行账户与被害人有过往来，该份鉴定意见只能反映出被告人与被害人之间的部分账务往来，不足以证实本案的全部真实情况，对该份鉴定意见本院不予采信。经被告人程某的当庭确认，其对被害人借给自己的款项均予以认可没有异议，且被害人也提供了相关的银行流水予以证实，最终确定被告人程某诈骗7名被害人的犯罪数额为人民币455.4万元。